아름답고 자랑스런 우리 역사의 보물
삼국유사

초판 1쇄 발행 2006년 2월 15일 \ **개정판 1쇄 발행** 2014년 7월 20일
원작 일연 \ **글쓴이** 김이경 \ **그린이** 김수자 \ **펴낸이** 이영선 \ **편집 이사** 강영선 \ **주간** 김선정
편집장 김문정 \ **편집** 임경훈 김종훈 김경란 \ **디자인** 오성희
마케팅 김일신 이호석 이주리 \ **관리** 박정래 손미경

펴낸곳 파란자전거 \ **출판등록** 1999년 9월 17일(제406-2005-000048호)
주소 경기도 파주시 광인사길 217(파주출판도시) \ **전화** (031)955-7470 \ **팩스** (031)955-7469
홈페이지 www.paja.co.kr \ **이메일** booksea21@hanmail.net

ⓒ 2006, 파란자전거·김이경
ISBN 978-89-89192-52-7 73900
값 9,800원

이 도서의 국립중앙도서관 출판시도서목록(CIP)은 e-CIP 홈페이지(http://www.nl.go.kr/ecip)와
국가자료공동목록시스템 (http://www.nl.go.kr/kolisnet)에서 이용하실 수 있습니다.(CIP제어번호: CIP2014017995)

파란자전거는 도서출판 서해문집의 어린이 책 브랜드입니다. 페달을 밟아야 똑바로 나아가는 자전거처럼
파란자전거는 어린이와 청소년이 혼자 힘으로도 바르게 설 수 있도록 도와줍니다.

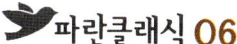 파란클래식 06

아름답고 자랑스런 우리 역사의 보물
삼국유사

일연 원작 | 김이경 글 | 김수자 그림

파란자전거

글쓴이의 말

아름답고 자랑스런 우리 역사의 보물, 삼국유사!

 흔히들 우리나라 역사를 '반만년 유구한 역사'라고 합니다. 5천 년 이상 이어진 오랜 전통을 가진 나라라는 자부심이 밴 말입니다.

 그렇게 오래 되었다고 보는 근거가 뭐냐 하면 바로 이 책 《삼국유사》의 기록입니다. 《삼국유사》에서는 우리나라 최초의 국가인 고조선이 세워진 시기를 기원전 2333년으로 적고 있습니다. 물론 정확한 연대라고 보기는 어렵습니다. 여러 가지 자료들을 바탕으로 미루어 짐작한 것이지요.

 그렇지만 우리나라를 변방의 오랑캐라고 얕보던 중국의 기록을 따른다 해도, 우리나라는 저 유명한 로마 제국보다도 더 오래 전에 '국가'의 틀을 갖추고 문명을 발전시킨 나라입니다. 이렇게 말하면 어떤 사람들은 되묻겠지요.

"역사가 길면 뭘 해요? 미국은 2백 년밖에 안됐지만 세계를 지배하잖아요?"

그렇습니다. 우리 역사를 이야기하면 많은 친구들이 창피해 합니다. 넓은 대륙을 호령해 보지도 못하고, 좁은 땅에 살면서 만날 남의 지배만 받은 약한 나라라고 부끄러워합니다. 일본이 우리 땅에 쳐들어와 갖은 만행을 저지른 걸 미워하면서도, 우리가 힘이 없어서 제대로 복수하지 못했다고 한탄합니다.

정말 그럴까요? 중국만큼 넓은 영토를 갖지도 못했고, 좁은 땅에 살면서 다른 나라를 정복하지도 못했고, 오히려 걸핏하면 침략이나 당한 역사이니 창피해야 마땅할까요?

그렇지 않습니다. 제 눈엔 남을 침략한 역사보다 차라리 침략을 당한 역사가 자랑스럽습니다. 침략을 당했으되 목숨을 걸고 제 말과, 글과 삶의 터전을 지켜 낸 강한 사람들이 제 조상인 것이 자랑스럽습니다. 남을 괴롭혀 빼앗기보다 내 몸을 수고롭게 해서 얻은 결실을 남과 더불어 나눌 줄 아는 사람, 힘써 일

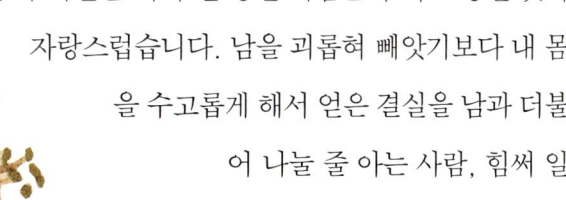

한 뒤에 찾아온 여유를 춤과 노래로 즐길 줄 알았던 사람들이 자랑스럽습니다.

《삼국유사》를 쓴 일연 스님이 살던 시대는 칼이 지배하던 시절이었습니다. 소수의 무신들이 권력을 잡고 나라를 좌지우지하는 일이 백 년 넘게 이어졌습니다. 너도나도 힘있는 사람의 눈치만 살피니 나라가 제대로 돌아갈 리 없었지요. 그때 북쪽에서 일어선 몽골 제국이 고려를 위협했습니다. 이미 중국을 넘어 유럽까지 세력을 뻗친 몽골 군의 위세를 조그만 고려가 막기는 어려웠지요. 순식간에 한반도는 몽골 군의 칼날 아래 피투성이가 되었습니다. 나라를 다스리던 왕과 귀족들은 강화도로 도망치고, 뭍에 남은 백성들은 잔인무도한 외적에 맞서 안간힘을 썼습니다. 바로 그때, 일연 스님은《삼국유사》를 쓰기 시작합니다.

죽느냐 사느냐, 목숨이 위태로운 마당에 칼을 드는 대신 붓을 든 것입니다. 강화도에 함께 있자고 붙드는 왕의 손을 뿌리치고 나와서, 전란으로 황폐해진 전국을 돌며 일연 스님은 자료를 모읍니다. 역사의 힘을 믿었기 때문이지요. 시간이 지나면 칼은 녹슬지만 정신은 녹슬

지 않음을 알았기 때문입니다. 정신이 살고 문화가 살아 있는 한, 역사는 강물처럼 유유히 흘러간다는 진실을 일연 스님은 알고 있었습니다. 그래서 붓을 들어 우리 역사를, 산과 들에 숨은 우리 문화를 빠짐없이 기록합니다.

《삼국유사》는 우리의 역사가 얼마나 아름답고 자랑스러운지를 보여 주는 증거입니다. 저는 이 책을 통해 독자 여러분이 우리 역사에 대해 자부심을 갖기를 바랍니다. 또 일연 스님이 전쟁의 소용돌이 속에서도 묵묵히 역사책을 써 내려 간 깊은 뜻을 헤아리기 바랍니다. 그것이 반만년을 이어 온 우리 역사의 힘이기 때문입니다.

독자 여러분이 새로 만들어 갈 우리 역사를 기대하며…….

일연 스님 탄생 800주년에 즈음하여
2006년 새봄에 김이경

차례

글쓴이의 말

아름답고 자랑스런 우리 역사의 보물, 삼국유사!

제1부 《삼국유사》를 읽기 전에 꼭 알아야 할 4가지 12

      1. 우리 역사의 보물, 《삼국유사》 14
      2. 《삼국유사》를 쓴 일연 스님이 궁금해요! 22
      3. 일연 스님은 왜 역사책을 썼을까요? 34
      4. 《삼국유사》에 담긴 우리 역사 이야기 48

제2부 우리 역사의 보물 창고,《삼국유사》 56
  1장 하늘이 열리고 나라가 서다 58
  2장 옛 사람들의 신기한 이야기 77
  3장 신라가 삼국을 통일하다 99
  4장 삼국 시대, 그 후의 이야기 112
  5장 불교에 얽힌 이야기 120

연표 134

제 1 부

《삼국유사》를 읽기 전에 꼭 알아야 할 4가지

1. 우리 역사의 보물, 《삼국유사》

《삼국유사》는 고려 시대의 유명한 스님 일연이 1280년경에 쓴 역사책입니다. 일연 스님은 젊은 시절부터 이 책을 쓰기로 마음먹고 자료를 모았습니다. 하지만 막상 공들여 수집한 자료를 이용해 책을 쓰기 시작한 것은 세상일에서 한발 물러난 일흔 살이 넘어서입니다. 그리고 84세로 세상을 뜰 때까지 일연 스님은 십여 년 간 《삼국유사》를 쓰는 데 온 힘을 쏟았습니다. 그런 노력 덕분일까요? 《삼국유사》는 700여 년이 지난 오늘날에도 한민족의 역사를 밝히는 가장 소중한 사료로 손꼽힙니다. 우리가 아는 단군왕검 신화도 《삼국유사》가 없었다면 입에서 입으로만 전해지다 그대로 바람결에 사라졌을지도 모릅니다.

하지만 정작 일연 스님은 《삼국유사》가 세상에 첫선을 보일 때 그 모습을 보지 못했습니다. 일연 스님이 이미 눈을 감으신 뒤에 제자인 무극 스님이 스승의 글을 모아 책으로 펴냈기 때문이지요. 예전에는 책 한 권을 만들려면 글자를 한 자 한 자 나무판에 새겨서 종이에 찍어 내야 했습니다. 그러니 돈도 많이 들고 시간도 아주 오래 걸렸지요. 《삼국유사》도 이런 길고 어려운 과정을 거쳐 1310년대에 책으로 엮어져 나왔습니다.

최근에는 이보다 훨씬 뒤인 고려 말 공민왕 때나 조선 초에야 책으로 간행되었다는 의견이 나오고 있습니다. 그 전까지는 손으로 직접 쓴 활자본 형태로 전해졌다는 것이지요. 연구가 계속 되면 어떤 입장이 더 사실에 가까운지 밝혀질 것입니다.

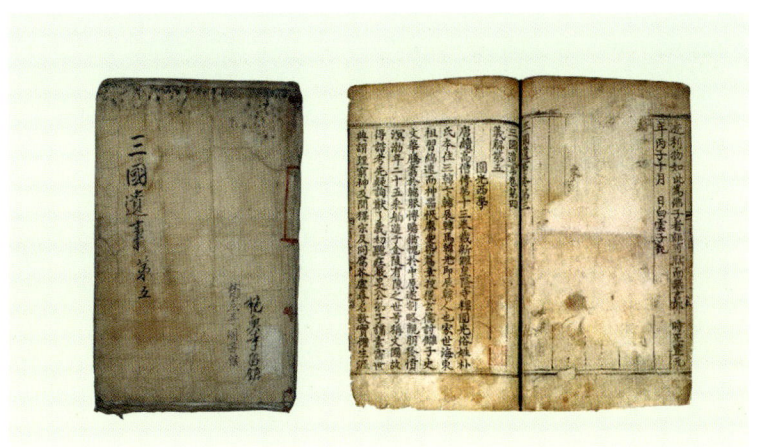

《삼국유사》는 《삼국사기》와 더불어 우리 나라에 현존하는 가장 오래 된 역사책이에요.

《삼국유사》의 짜임

《삼국유사》는 모두 5권*9편으로 이루어져 있습니다. 책을 펼치면 제일 먼저 삼국과 가락(가야), 후삼국의 왕들을 기록한 〈왕력〉편이 나옵니다. 여기에는 각 나라를 다스린 왕들이 언제 태어나서 언제 왕위에 올랐고, 어떤 일을 했는지가 간략하게 정리되어 있습니다. 그 다음 〈기이〉편은 고조선, 삼한, 부여, 고구려, 신라 등 고대 국가들의 건국 신화와 전설 등이 자세히 기록되어 있습니다. 또 통일 신라 시대 여러 왕들의 신기한 이야기도 만날 수 있답니다.

셋째 〈흥법〉편은 삼국에 불교가 전해진 과정을 소개하고, 유명한 고승들의 행적을 담았습니다. 이어진 〈탑상〉편은 절과 탑과 불

＊권
고서에서 책을 내용에 따라 구분하는 단위입니다.
《삼국유사》의 경우
제1권: 왕력 제1, 기이 제1
제2권: 기이 제2
제3권: 흥법 제3, 탑상 제4
제4권: 의해 제5
제5권: 신주 제6, 감통 제7, 피은 제8, 효선 제9의 체제를 갖추고 있습니다.

석가탑과 다보탑
《삼국유사》에서 대표적인 불교 유적으로 소개되는 불국사의 두 탑입니다. 불국사는 과거·현재·미래의 부처가 사는 정토, 즉 이상향을 구현하고자 했던 신라인들의 정신세계가 잘 드러난 사찰이에요. 《삼국유사》에는 김대성이 전생의 부모를 위해서 석굴암을, 현생의 부모를 위해서 불국사를 지었다고 전해집니다.
석가탑과 다보탑은 우리 나라의 가장 대표적인 석탑으로, 높이도 10.4m로 같아요. 두 탑을 같은 위치에 세운 이유는 '현재의 부처'인 석가여래가 설법하는 것을 '과거의 부처'인 다보불이 옆에서 옳다고 증명한다는 《법화경》의 내용에 따른 것이에요.

상에 얽힌 전설들을 다루고 있습니다. 또 〈의해〉편에는 신라의 고승 이야기가, 〈신주〉편에는 밀교의 신기한 이야기가 담겨 있어요. 불교와 관련된 내용은 이 뿐만이 아닙니다.

일곱째 〈감통〉편은 부처님을 만나는 영적 경험을 한 신도들의 이야기가 소개되고 있습니다. 또 뒤이은 〈피은〉편은 속세를 피해서 은둔한 고승들을 다루고 있답니다. 마지막 〈효선〉편에는 남다른 효도를 실천한 사람들의 이야기가 담겨 있습니다.

이렇게 보면 총 아홉 편의 내용 중 각국 역사와 왕에 관한 두 편, 효자에 관한 한 편을 뺀 나머지 여섯 편이 모두 불교와 관련된 내용입니다. 책을 쓴 일연이 스님이었으니 불교에 관한 내용이 많은 것은 어쩌면 당연한 일이겠지요.

불교 이야기만 너무 많은 것 아니냐고 볼멘소리를 할지도 모르겠지만, 이 시대에는 불교가 우리 나라의 대표적인 문화였다는 사실을 기억할 필요가 있습니다. 그러니까 불교 이야기는 곧 이때 사람들이 어떤 생각을 하고 어떻게 살았는지를 보여 주는 중요한 자료라는 것이지요.

뚝섬에서 출토된 선정불좌상
이것은 우리 나라에서 가장 오래 된 양식의 불상으로, 삼국 시대 초기의 것으로 추정됩니다. 그런데 중국의 것인지, 우리 나라의 것인지 분명하지 않아 국적 논란이 있어요. 또한 한강 뚝섬에서 발견되었기 때문에, 삼국 중에도 고구려와 백제, 신라 어느 나라의 것인지 정확히 알 수 없어요. 고요히 참선하시는 부처님의 모습에 우리의 마음도 맑아지는 것 같아요.

《삼국유사》가 가진 독특한 의의

《삼국유사》가 나오기 전에도 우리 조상들은 많은 역사책을 썼습니다. 그 중에는 《삼국유사》보다 더 체계적이고 정확한 역사책도 있어요. 그도 그럴 것이 《삼국유사》는 일연이라는 개인이 혼자 힘으로 자료를 모으고 정리하여 쓴 책이지만, 대부분의 역사책은 임금님의 명을 받아 여러 관리들이 함께 만들었기 때문입니다. 여러 사람이 보고 또 보며 잘못을 바로잡고 내용을 다듬었으니 자연히 틀린 곳도 적고 완성도도 높아지기 마련이지요. 《삼국유사》와 마찬가지로 삼국 시대의 역사를 다룬 《삼국사기》가 바로 그런 예입니다.

《삼국사기》는 《삼국유사》보다 140년쯤 앞선 1145년, 고려의 임금인 인종의 명을 받은 김부식이 다른 관리들과 함께 펴낸 역사서입니다. 모두 열 명이 참여한 《삼국사기》는 고구려, 신라, 백제 3국의 역사와 제도, 지리 등이 상세히 기록되어 있습니다. 기전체*라는 정통적인 역사책 서술 방식을 사용했다는 점에서도 《삼국사기》는 《삼국유사》와 구별됩니다.

《삼국유사》의 '유사'는 '일사유문(逸事遺聞)'이라는 말에서 나왔는데, 역사에서 빠진 사실이나 전해 내려온 이야기를 기록했다는 뜻입니다. 다시 말해서 《삼국사기》처럼 정해진 틀에 따라 역사를 쓴 것이 아니라, 다른 역사책에는 빠졌지만 중요하다고 여겨지

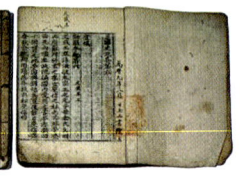

《삼국사기》
고려 시대에 김부식 등이 왕의 명을 받아 만든 역사책이에요. 삼국과 통일신라, 특히 고려 중기의 문화 수준과 역사의식을 연구하는 데 중요한 책입니다.

기전체
역사를 서술하는 방식을 말하며, 중국의 역사가 사마천이 쓴 《사기(史記)》에서 비롯되었습니다. 왕의 업적을 다룬 '본기'와 유명한 개인의 전기인 '열전'을 중심으로 구성됩니다. 그래서 기전체는 인물 중심의 역사 서술이라고 합니다.

는 이야기들을 저자의 의지에 따라 자유롭게 기록한 것입니다.

바로 이 점이 《삼국유사》의 장점이자 단점이라고 할 수 있지요. 왜 단점이냐고요? 이름은 《삼국유사》이지만 고구려, 백제, 신라 삼국의 역사를 두루 알기에는 부족한 점이 많기 때문이에요. 일연 스님이 혼자 자료를 모으고 고르다 보니 자신의 주관적인 판단이 크게 작용한 탓이지요.

스님이 전라도와 강화도에서 잠시 생활하기도 했지만 경상도에서 태어나 주로 경상도 지역에서 활동한 까닭에, 아무래도 경상도를 근거로 한 신라에 초점이 맞춰져 씌어졌지요. 또 인용한 책의 기록과 다른 내용이 있기도 하고 잘못된 사실을 그대로 전하는 문제점도 있습니다.

그럼, 왜 삼국유사를 읽어야 하며 중요한 역사서라고 치켜세우느냐고요? 그야 이런 단점들이 무색할 만큼 엄청난 장점이 있기

삼국의 문화를 보여 주는 대표적 유물들
경주 금령총에서 출토된 말을 탄 인물형 토기(왼쪽)는 활발한 신라인의 정신세계를, 가운데의 금동 대향로는 백제 문화의 정수를 보여 주며, 고구려 쌍영총 벽화의 말을 탄 무사(오른쪽)에서는 고구려인의 힘찬 기상이 드러납니다.

단군릉
1993년 북한은 〈단군릉 발굴 보고〉를 발표하여 단군왕검이 실존 인물이라고 주장했습니다. 평양 강동군 대박산 기슭에서 단군과 그 부인으로 추정되는 유골을 발굴했는데, 연대를 측정했더니 5011년 전의 것으로 밝혀졌다고 했어요. 그리고 이듬해 이곳에 높이 22미터의 거대한 단군릉을 복원했어요. 하지만 단군 조선의 연대나 위치에 대해서는 여전히 많은 의문이 남아 있습니다.

때문이지요.

무엇보다 《삼국유사》에는 우리 나라 최초의 국가인 단군 조선의 건국 신화가 자세히 기록되어 있습니다. 고조선의 시조 단군왕검에 관한 기록 덕분에 우리는 오늘날 5천 년 역사를 자랑할 수 있습니다. 뿐만 아니라 최초의 국가가 어떤 모습이며, 어떤 사상과 문화를 가졌는지 상상할 수도 있게 되었지요.

둘째로 《삼국유사》에는 신라 시대에 불린 14수의 향가가 실려 있습니다. 이 향가들은 오로지 이 책에만 실려 있기 때문에, 일연 스님이 아니었다면 영영 사라져 알지 못했을 것입니다. 하지만 《삼국유사》의 기록 덕분에 우리는 신라 때 사람들이 어떤 생각을 하고, 즐거움과 슬픔을 어떻게 표현했는지 알 수 있게 되었지요.

　셋째, 이 책에는 지명과 성씨 등의 기원에 관한 일화가 풍부하게 담겨 있어 역사학은 물론 민속학과 고문학 연구에 귀한 자료가 됩니다. 또한 탑과 불상, 절에 관한 기록들은 우리 나라 고대 미술을 연구하는 데 큰 도움이 되지요.

　《삼국유사》가 없었다면 우리는 그 옛날 조상들이 어떤 모습, 어떤 마음으로 어떻게 생활했는지 알 수 없었을 것입니다. 바로 그 때문에 700여 년이 지난 지금까지도 《삼국유사》는 우리 겨레의 보물로 받들어지고 있답니다.

2.《삼국유사》를 쓴 일연 스님이 궁금해요!

일찍이 아버지를 여의고

일연 스님은 1206년 지금의 경상북도 경산군 압량면에서 태어났습니다. 이곳은 신라 시대의 대표적인 큰스님 원효의 고향이기도 합니다.

어머니 이씨는 밝은 햇빛이 배를 비추는 꿈을 꾸고 사흘 만에 아이를 가져 일연을 낳았다고 합니다. 그래서 부모님은 일연이 태어나자 아이의 이름을 '밝게 본다'는 뜻의 '견명'으로 지었습니다.

일연은 어릴 적부터 의젓한 외모에 단정한 몸가짐으로 사람들의 주목을 받았습니다.

하지만 불행히도 아버지 김언정은 아들의 성장을 지켜보지 못한 채 일찍 세상을 떠났습니다. 홀어머니가 근근이 꾸려 가는 가난한 살림살이지만 일연은 기죽지 않았습니다. 어린 몸으로 집안일을 거들면서도 틈만 나면 책을 외우며 공부를 게을리하지 않았지요.

어머니는 이런 아들을 보고 큰 결심을 했습니다. 이제 막 아홉 살이 된 어린 아들을 절로 보내기로 한 것입니다. 이 무렵엔 절이 글을 가르치는 학교 역할도 하고 있었거든요. 하지만 아홉 살짜리 어린아이가 어머니와 떨어져 지낸다니, 생각만 해도 아득한 일이었지요. 어머니는 고민 끝에 드디어 말을 꺼냈습니다.

"애야, 지금처럼 집에 있다가는 변변히 공부도 못하고 타고난 총명함마저 잃을까 걱정이구나. 아무래도 너를 절로 보내야겠다."

어린 일연의 얼굴이 흐려졌습니다. 공부를 제대로 하고 싶은 마음이야 굴뚝같았지만, 어머니 홀로 고생하신다고 생각하면 가슴이 아팠습니다.

"어머니, 저도 절에 가서 공부하고 싶어요. 하지만 어머니와 떨어져 지내는 건 싫어요. 더구나 제가 가면 어머니 혼자 고생하실

텐데……. 조금만 더 어머니 곁에 있다가 나중에 갈게요."

"너는 총명하고 뜻이 굳으니 절에서도 잘 해 나갈 거야. 어미 걱정은 하지 마라. 부처님께서 이 어미를 돌봐 주실 것이다. 너도 부처님을 부모로 생각하고 힘껏 정진하여라."

고향을 떠나 수행의 길로

이리하여 일연은 어머니와 눈물로 이별하고 고향을 떠나 전라남도로 향했습니다. 발이 부르트도록 걷고 걸어서 도착한 곳은 광주 무등산에 있는 무량사였습니다. 무량사에 온 일연은 열심히 공부했습니다. 어머니 생각이 날 때마다 더욱더 책에 매달렸지요. 스님들은 열심히 노력하는 일연이 기특해서 무엇이든 자세히 일러 주고 가르쳐 주었습니다.

이러는 사이 일연은 불교에도 눈을 떠 갔습니다. 처음에는 따사로운 부처님의 미소에서 어머니를 떠올렸지만, 점차 부처님의 가르침에 마음을 빼앗기게 되었지요. 어떤 날은 저녁밥도 거른 채 가부좌*를 하고 있어 주위 사람들을 놀라게 했어요.

이런 모습을 지켜본 스님들은 일연을 출가*시키기로 결정했어요. 일연의 어머니도 대찬성이었습니다. 고려 시대에는 불교가 국교였고, 승려는 가장 존경받는 계층이었거든요. 그래서 똑똑하고

경주 남산 탑곡마애조상군
위의 부조는 나무 아래에서 수행하는 스님의 모습을 표현한 거예요. 당시의 스님들이 어떻게 수행했는지 알 수 있는 귀중한 자료랍니다. 경주 남산 탑곡은 바위 면에 탑이 새겨져 있어 탑골짜기로 불리는 곳인데, 이곳에는 탑을 비롯한 다양한 마애 조각들이 새겨져 있어요. 이것도 그중 하나입니다.

가부좌
불가에서 수양할 때 앉는 독특한 방법입니다. 오른발을 왼편 넓적다리 위에, 왼발을 오른편 넓적다리에 얹습니다.

출가
세상의 인연을 떠나 부처님의 제자가 되는 것을 말합니다.

구족계
출가한 승려가 지켜야 할 계율을 말한다. 이 계를 받는다는 건 정식으로 불교 교단에 들어가는 것을 뜻합니다.

믿음이 깊은 사람들은 너도나도 승려가 되려고 했습니다. 심지어 왕자님도 머리를 깎고 스님이 될 정도였으니까요.

마침내 일연은 강원도 진전사에서 구족계*를 받고 정식 승려가 되었습니다. 일연이 열네 살 때의 일입니다.

승려가 된 일연은 잠시도 쉬지 않고 수행에 전념했어요. 모두들 일연은 스님 중에서도 최고 스님이 될 거라고 말했습니다. 과연 일연은 스물두 살 때인 1227년, 스님들의 과거시험인 선불장(選佛場)에서 1등으로 합격했습니다.

아는 것이 힘!

고려의 과거 제도와 승과

고려의 제4대 임금 광종은 중국에서 온 쌍기의 건의를 받아들여 과거 제도를 시행했습니다. 과거 제도는 시험을 봐서 나라의 관리를 뽑는 것이지요. 그런데 광종은 과거 제도를 시행하면서 승려를 위한 승과도 따로 설치했습니다. 승과를 통과한 승려는 대선-대덕-중대사-삼중대사라는 단계를 밟아 승진하게 되어 있었어요. 그리고 이보다 높은 승려는 대선사나 승통이라 하여 국사(나라의 스승)로 모셨습니다. 국사 또는 왕사가 되면 임금이 나랏일을 하는 데 자문을 해 주었어요. 그만큼 고려 시대에는 승려의 지위가 높았던 것이지요. 물론 승과에서 합격했다고 모든 승려가 다 이렇게 승진할 수 있는 건 아니고, 깨달음을 얻은 뛰어난 승려만이 최고의 지위에 올라갈 수 있었지요.

대각국사 의천(1055~1101)
고려 문종의 넷째 아들로 태어난 왕자였지만 화려한 궁을 떠나 스님이 되었어요. 후에 천태종을 열어 불교를 통합하고자 노력했습니다. 녹색 가사를 걸치고 사색에 잠기신 듯하네요.

흔들리는 나라를 위해 애쓰다

나라에서 인정받는 스님이 된 일연은 고향에서 가까운 경상북도 달성의 비슬산으로 자리를 옮겨 수행을 계속했어요. 그리고 십 년간의 고된 수도 끝에 1236년 큰 깨달음을 얻었습니다. 이듬해 나라에서는 일연의 덕을 기려 삼중대사라는 높은 법계를 내렸습니다.

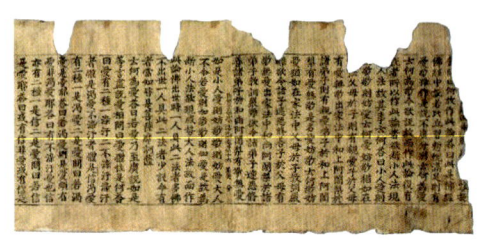

《초조본 아비담비파사론 권제16》
이 책은 고려 현종 때, 부처의 힘으로 거란의 침입을 극복하고자 만든 초조대장경 가운데 하나예요. 불교 경전은 크게 경(經)과 율(律), 논(論)으로 나뉘는데, 아비담은 부처님의 지혜를 체계적으로 설명하고 있는 논 부분을 통틀어 일컫는 말이랍니다.

하지만 이 무렵 고려는 안팎으로 어려움을 겪고 있었습니다. 안으로는 권력을 잡은 최씨 정권의 독재 때문에 백성들의 불만이 높아 가고 있었고, 밖으로는 몽고의 위협이 날로 커져 나라의 운명이 위태로웠습니다. 끊임없는 몽고의 침략으로 고려는 수도까지 강화도로 옮긴 상태였습니다.

비록 속세와의 인연을 끊고 불법에 매진하는 승려의 몸이지만, 일연은 조국의 위기에 눈감을 수 없었습니다. 마침 나라에서는 몽고의 침입으로 흩어진 민심을 하나로 모으고 전쟁에서의 승리를 기원하기 위해, 대장경 간행 사업을 시작했습니다.

'대장경'이란 불교와 관련된 서적을 통틀어 일컫는 말입니다. 예부터 불교를 받드는 국가에서는 대장경을 새겨 두면 부처님의 가호로 나라를 지킬 수 있다고 믿었습니다. 고려는 두 차례 대장경

강화 선원사지
옛날에 선원사가 있었을 것으로 추정되는 곳이에요. 선원사는 당시 최고 권력자였던 최우가 창건한 사찰로, 이 곳에 대장도감을 설치하여 팔만대장경을 만들었다고 합니다.

을 만들었습니다. 첫번째는 거란의 침입으로 어려움을 겪었던 현종 때입니다. 현종은 부처의 도움으로 거란군이 물러났다며, 1011년 대장경을 새기라 명했습니다. 처음 새긴 대장경이라 하여 '초조(처음 初, 새길 彫) 대장경'이라 불리는 이 대장경은 76년 만인 1087년에 완성되었습니다. 그러나 이렇게 힘들여 만든 초조대장경은 1232년 몽골의 침입 때 불타 버리고 말았습니다.

권력을 잡고 있던 최씨 정권은 1236년 대장도감을 설치하고 다시 대장경 판각에 나섰습니다. 전쟁의 소용돌이 속에서도 간행 작업은 계속되었고, 마침내 1251년 8만 1,258장(8만 1,137장이라는 설도 있어요.)의 경판이 완성되었습니다.

8만여 장의 경판으로 이루어져 있다 해서 《팔만대장경》이라 부르는 이 두 번째 대장경에는, 무려 1,500종에 이르는 불경과 유명한 고승들의 전기까지 고스란히 새겨져 있습니다. 더욱 놀라운 것은 어마어마한 분량을 새기면서도 오자가 거의 없다는 것입니다. 중국, 일본, 티베트, 거란이 모두 대장경을 만들었지만 팔만대장경처럼 오자가 적은 것은 없습니다. 그러니 고려 사람들이 얼마나 꼼꼼하고 정성스럽게 글자를 새기고 다듬었는지 알 수 있겠지요.

일연은 이때 남해 정림사의 주지를 맡아 3년 동안 대장경 사업을 지휘했습니다. 1259년에는 간행을 성공적으로 이룬 공을 인정받아 지위가 삼중대사에서 한 등급 높은 선사로 올랐습니다.

부처의 힘으로 나라를 지키다
팔만대장경 만들기

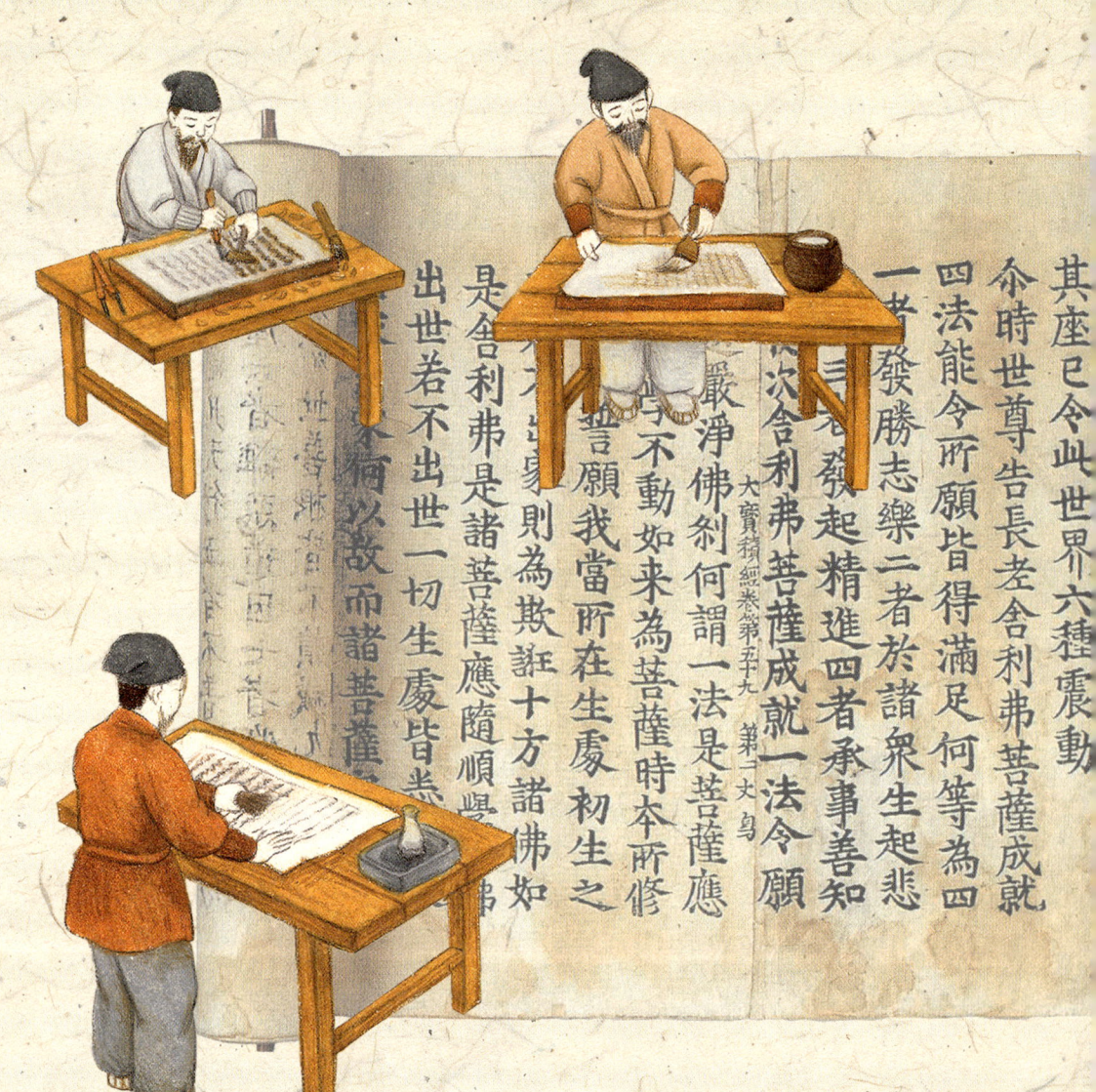

대장경 만들기의 첫 과정은 이전에 만들어진 여러 대장경을 대조해 종이에 베껴 쓰는 것입니다. 고증하고 베껴 쓰는 이 과정에는 주로 관리와 승려, 문인들이 참여했어요. 실내에서 이런 작업이 이루어지는 동안, 밖에서는 경판으로 쓸 나무를 구해 다듬는 작업이 한창이었습니다. 이때 제일 중요한 것은 똑바로 잘 자란 산벚나무나 돌배나무를 잘라서 바닷물에 담그거나 소금물에 삶아 말리는 일이었어요. 1년 이상 걸리는 힘든 일이지만 이렇게 해야만 나무를 잘랐을 때 뒤틀리거나 해충이 파먹는 일을 막을 수 있었지요. 대장경을 만드는 분사 대장도감과 목재 집합장은 주로 낙동강, 섬진강 연안과 여수, 진해 등 남해안에 위치해 있었습니다. 무거운 통나무를 옮기고 가공하기에 편리했기 때문이에요.

이렇게 준비해 다듬은 목재는 대패질을 해서 경판으로 만듭니다. 그리고 경판에 글씨를 쓴 종이를 붙인 다음 글씨가 잘 보이도록 식물성 기름을 바릅니다. 모든 준비가 끝나면 드디어 각수가 한 자 한 자 판각을 하는데, 이때는 글씨가 없는 부분을 파내는 양각으로 새겼습니다. 아주 숙련된 각수가 앞뒤로 경판 한 장을 새기는 데는 열흘이 넘게 걸렸습니다. 잘못 새긴 글자는 ㅁ자로 파내고 다시 새겨 넣었습니다.

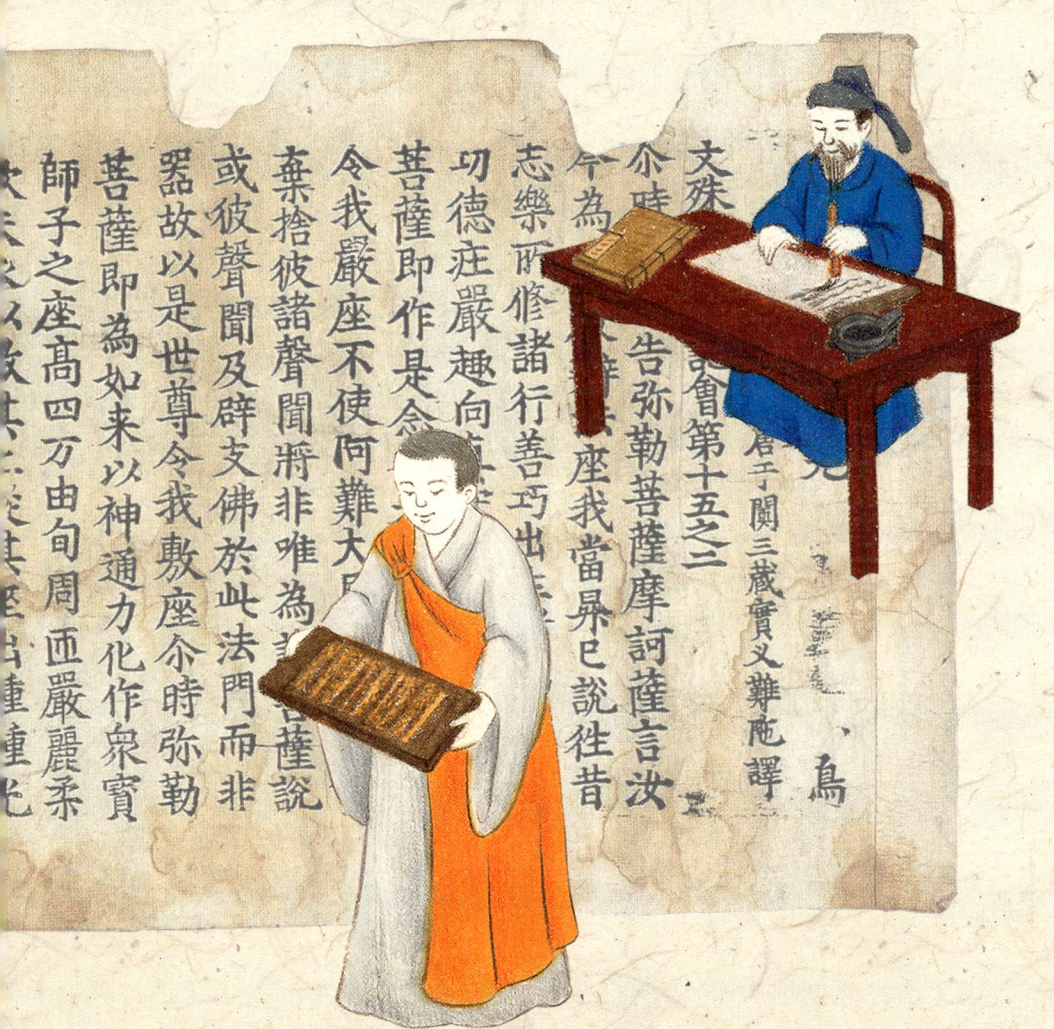

그리고 2년 뒤에는 원종의 끈질긴 권유로 수도인 강화도로 올라갔습니다.

일연은 강화도의 선원사에 머물며 설법을 하는 한편, 왕에게 조언도 해 주었습니다. 그러나 일연은 권력 다툼이나 일삼는 중앙 정부의 분위기가 싫었습니다. 몽고에 쫓겨 좁은 강화도로 피신한 상황에서도 지배층들은 나라 걱정보다는 세력 다툼에만 열을 올리고 있었습니다. 승려들 중에도 권력을 가진 사람들에게 기대어 출세해 보려는 이들이 적지 않았습니다. 하지만 일연은 권세를 탐하거나 명예를 얻는 일 따위엔 애당초 관심이 없었어요. 오히려 본토에서 힘들게 생활하는 백성들 곁으로 돌아가고 싶을 뿐이었습니다.

결국 강화도 생활 3년 만인 1264년, 일연은 왕을 조르고 졸라 다시 경상도로 돌아갔습니다. 하지만 이 때 임금이었던 충렬왕은 힘든 일이 있을 때마다 동해안 조그만 절에 머무는 일연을 찾았습니다. 이미 일연의 높은 학식과 덕망은 나라 안에 자자했지요. 충렬

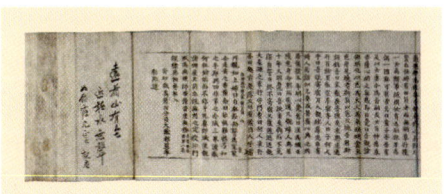

《경률이상 권제8》
이 책은 경(經)과 율(律)에서 각 주제별로 요점을 뽑아 학습하는 데 편리하게 엮은 일종의 백과사전입니다. 고려 고종 30년(1243)에 남해의 분사 대장도감에서 목판을 새기고, 고려 후기에서 조선 전기에 간행된 것으로 보입니다.

인각사 보각국사탑
일연 스님이 마지막으로 머물렀던 인각사에는 스님의 사리를 모신 탑이 있습니다. 전하는 말에 의하면, 아침에 해가 뜰 때 이 탑에서 빛이 나와 멀지 않은 곳에 있는 일연 스님 어머니의 묘를 비추었다고 해요.

왕은 일연을 승려로는 최고의 지위인 국사에 봉하고 스승으로 모셨어요.

고향으로 돌아와 삼국유사를 쓰다

허나 일연의 뜻은 다른 데 있었어요. 일연은 늙으신 어머니를 모시기 위해 고향으로 돌아가고자 했습니다. 또한 그 마음속엔 전국을 돌며 수집한 자료를 정리해 하루라도 빨리 책을 펴내고 싶은 속내도 있었지요. 왕은 지혜로운 일연을 곁에 두고 가르침을 얻고 싶었지만, 그의 간절한 청을 거절할 수가 없었습니다.

78세 되던 해, 일연은 마침내 고향에 계신 어머니에게로 돌아옵니다. 아홉 살에 집을 떠난 아들이 70년 만에 어머니 곁으로 돌아온 것이지요. 오랜 세월을 기다려 보고 싶은 아들을 만나니 마음이 홀가분하셨던 것일까요? 어머니는 이듬해 아들이 지켜보는 가운데 편안한 얼굴로 눈을 감았습니다. 그때 어머니의 연세는 96세였습니다. 어머니의 장례를 치른 일연은 근처의 인각사에 자리를 잡았습니다. 그리고 이곳에서 평생토록 매달려 온 《삼국유사》를 완성합니다.

1289년 7월 7일, 일연은 아픈 몸을 추스르고 일어나 왕에게 편지를 썼습니다. 한 달째 병마에 시달린 몸은 보는 이의 마음까지 아프게 했지만, 일연은 한 점 흐트러짐 없는 몸가짐으로 편지를 써 내려갔습니다. 자신의 때가 다했음을 알고 마지막으로 임금께 당부의 말을 전하고자 한 것입니다. 편지를 다 쓴 일연은 긴 한숨과 함께 다시 몸을 눕혔습니다.

 이튿날 새벽, 인각사에는 무거운 침묵이 흘렀습니다. 제자들을 불러 모은 일연은 마지막으로 선문답*을 나누었습니다. 그리고 자신의 방으로 돌아가 조용히 금강인*을 맺은 채 눈을 감았습니다. 스님들의 흐느낌 소리가 절 마당을 채웠습니다. 고려의 국사 일연 스님이 여든넷을 일기로 입적*하신 것입니다.

선문답
불교에서 참선하는 사람들끼리 진리를 찾기 위하여 주고받는 대화를 말합니다.

금강인
불교에서 수행자가 깨달음의 내용을 상징적으로 나타낼 때 쓰는 손가락 표시 가운데 하나입니다.

입적
불교에서 수도승의 죽음을 일컫는 말입니다.

아는 것이 힘!

아름다운 우리의 문화유산

우리 땅 한반도에는 약 70만 년 전부터 사람이 살기 시작했어요. 그래서 유적지에서 발굴되는 석기, 철기, 토기와 같은 도구와 무덤에서 발견되는 여러 가지 유물과 벽화, 그 외에도 회화, 지도, 서책, 도자기, 불상과 불화 등 이루 헤아릴 수 없이 많은 문화유산들을 보면, 우리 조상들이 어떠한 생각을 하고 어떤 모습으로 살았을지가 그려져요. 아름다우면서도 신묘하고, 정교하면서도 소박하며, 화려하면서도 큰 뜻을 담고 있는 우리의 문화! 《삼국유사》를 이해하는 데 있어 이러한 문화유산들은 여러분에게 상상의 날개를 달아 줄 거예요. 신화와 전설이 살아 있던 그 시대의 이야기에 숨결을 불어넣는 건 여러분의 몫이랍니다.

원삼국 시대에 만들어진 오리 모양 토기예요.

김해 퇴래리에서 출토된 가야 시대의 판갑옷이에요.

고구려 시대에 만들어진 안악 3호 무덤에는 정사를 보는 왕의 모습이 그려져 있어요. 이 무덤 속 그림들은 고구려의 역사와 풍습, 건축, 음악, 무기 등 여러 방면의 것을 생생하게 보여 줍니다.

삼국 시대에 만들어진 금동보살입상이에요. 체구는 자그마하지만 강직하고 당당해 보이지요.

공주 무령왕릉에서 출토된 금으로 만든 왕관 꾸미개 한 쌍이에요. 꽃 같기도 하고, 불꽃이 타오르는 것 같기도 한 환상적인 백제의 유산입니다.

신라 시대에 만들어진 동물과 사람 토우예요.

경주 식리총에서 출토된 금동신발에는 연꽃과 새, 불꽃, 구슬 등이 아름답게 새겨져 있어요. 신라의 귀족들이 신었던 신발일까요?

도깨비와 구름이 새겨져 있는 벽돌이에요. 옛날 백제 사람들은 벽돌 하나도 의미를 담아 아름답게 만들었어요.

감은사 터 앞뜰에 나란히 서 있는 쌍탑 중 하나예요. 동해를 바라보며 하늘을 향해 높이 솟아오른 모습을 보면 감탄이 절로 나온답니다.

3. 일연 스님은 왜 역사책을 썼을까요?

칼은 문화를
이길 수 없지
암, 그렇고 말고!

앞에서 본 것처럼, 일연 스님이 《삼국유사》의 자료를 모으고 이것을 엮어 책으로 쓴 때는 고려가 몽골의 침입으로 벼랑 끝에 서 있던 시기입니다. 아니, 나라가 외적의 침입으로 망하게 생겼는데 한가하게 책이나 쓰고 있었냐고요? 그렇게 생각할 수도 있지요. 하지만 그것은 지금 우리 생각이고, 일연 스님이 일생을 걸고 《삼국유사》를 쓴 데는 더 큰 이유가 있었답니다. 그게 뭔지 지금부터 알아보기로 해요.

몽골과의 30년 전쟁이 시작되다

1206년 테무진이 여러 부족들을 통일하고 최고 지도자인 칭기즈 칸으로 추대되면서부터 몽골은 세계의 정복자로 등장합니다. 칭기즈 칸은 금나라를 공격해 중국 북부를 손에 넣고, 잇달아 중동 지역의 이슬람 제국들과 러시아 남부까지 정복했습니다. 대륙을 호령하던 칭기즈 칸이 1227년 서하를 정벌하다가 죽은 후, 정복 사업은 셋째 아들 오고타이에게 계승되었습니다.

오고타이는 아버지의 뒤를 이어 유럽과 서하 정벌을 완수했습니다. 그러고는 곧바로 중국 본토와 고려 정복에 나섰어요. 1231년 오고타이의 명을 받은 살리타이가 3만 명의 기병을 이끌고 의주로 쳐들어왔습니다. 의주성을 지키던 조숙창은 몽골 군이 얼마나 무시무시한지 잘 알고 있었습니다. 조숙창은 순순히 성문을 열고 항복했습니다.

몽골 제국을 세운 칭기즈 칸 (1155?~1227)

하지만 철주와 귀주성은 몽골 군에게 쉽사리 무릎을 꿇지 않았어요. 철주성을 지키던 이희적은 끝까지 저항하다 마침내 백성들과 함께 스스로 목숨을 끊었습니다. 철주성을 간신히 손에 넣었지만 몽골군은 귀주성에서 더 큰 난관을 겪어야 했어요. 대포를 쏘고 땅굴을 파고 불붙은 장작을 던져 넣는 등, 몽골 군은 모든 수단을 동원해 성을 공격했어요. 그러나 고려군은 쇳물을 녹여 붓는가 하면 바위를 날려 몽골 군을 깔아뭉개고, 돌과 화살을 퍼부었어요. 이렇게 한 달을 버티자 몽골 군도 결국은 물러서고 말았습니다. 천하를 호령하던 몽골 군의 얼굴에 먹칠을 한 셈이지요.

그러나 몽골 군이 이대로 물러난 것은 아닙니다. 몽골 군은 저항이 심한 성은 그대로 두고 진로를 바꿔 가며 남하를 계속했어요. 두 나라 군대는 안북성에서 대접전을 벌였습니다. 고려는 여기서 총공세를 펼쳤지만 병력의 절반을 잃고 크게 패했어요. 몽골 군은

칭기즈 칸의 전투 장면
칭기즈 칸은 수많은 정복 전쟁에서 직접 군대를 이끌고 참여했어요. 그리고 그의 최후 역시 금나라를 정복하러 갔던 전장에서 맞이하게 됩니다.

파죽지세로 개경까지 밀고 내려갔어요. 12월 말 마침내 두 나라는 강화를 체결했고, 이듬해 몽골 군은 고려를 떠났습니다. 엄청난 물품을 몽골에 바치고 얻은 평화였지만, 그것은 완전한 평화가 아니었어요. 몽골은 점령한 지역에 다로가치* 72명을 두어 고려를 직접 다스리게 했습니다.

다로가치
원나라는 정복한 나라를 직접 지배하기 위해 현지 책임자인 다로가치를 두었습니다. 다로가치는 황제를 대신하는 지위라 하여 왕도 무시하며 권세를 부리기도 했습니다.

피로 물든 산과 들

전쟁은 끝났지만 고려 사람들의 마음 속에는 몽골에 대한 분노와 원한이 가득했어요. 더구나 몽골은 귀족의 자식들을 인질로 보내라, 농사지을 노동자를 보내라, 기술자를 보내라 하며 끊임없이 무리한 요구를 해댔어요. 고려 조정은 몽골에 맞서기로 결정하고, 강화도로 수도를 옮겼어요. 이를 위해 수천 명의 군사를 동원해 강화도에 내성과 외성을 쌓고, 내성 안에 개경에 버금가는 궁궐도 지었습니다.

고려궁지와 강화산성
몽골의 침입으로 수도를 강화도로 옮긴 고려는 그곳에 개경의 궁궐과 비슷한 궁도 짓고, 강화를 둘러싼 겹겹의 성을 쌓았어요. 몽골 군이 바다를 건너 공격하지 못하게 한 가장 중요한 방어 시설이었지만, 1270년 개경으로 수도를 다시 옮기면서 맺은 강화조약의 조건으로 성을 모두 헐어야만 했습니다. 현재는 성의 남북쪽 산자락만이 남아 있습니다.

고려의 움직임을 지켜보던 몽골은, 1232년 다시 살리타이를 보내 정벌에 나섰습니다. 살리타이는 강화도를 고립시키기 위해 광주성을 공격했어요. 그러나 광주성이 함락되지 않자 방향을 바꿔 용인으로 군사를 돌렸습니다. 그런데 가는 도중에 처인성이라는 작은 토성을 만났습니다. 변변한 관군도 없는 천민 마을의 성이었지요. 살리타이는 대여섯 명의 병사를 데리고 성 가까이 다가갔습니다. 그때였어요.

"피-웅."

갑자기 숲 속에서 화살들이 쏟아져 날아왔습니다.

"어이쿠."

화살을 맞은 살리타이가 말에서 거꾸러졌어요. 놀란 몽골 군이 살리타이를 구하려고 달려왔지만 모두 화살의 표적이 되고 말았습니다. 사령관을 잃은 몽골 군은 허둥지둥 달아나기 바빴습니다.

그런데 악명 높은 몽골 군 대장 살리타이를 잡아 적을 물리친 주인공은 놀랍게도 군인이 아닌 스님이었어요. 이름 없는 승려 김윤후가 몽골의 2차 침입을 물리친 주인공이었지요. 사실 그 후로도 몽골의 거듭된 침입에 맞서 싸운 것은, 권력을 잡고 있던 무신이나 장군이 아니라 이름 없는 병사와 백성들이었어요. 권력을 잡은 최씨 무신 정권과 왕은 강화도에서 여전히 화려한 생활을 누리고 있었답니다.

세계를 호령한 원나라

쿠빌라이 칸이 이끄는 몽골 군의 전투 장면

드넓은 몽골 초원에는 원래 여러 부족이 흩어져 살고 있었어요. 그러나 1204년 칭기즈 칸이 여러 부족들을 통일하면서, 몽골은 세계에서 가장 강력한 제국으로 등장했습니다. 칭기즈 칸은 말타기에 능숙한 유목 민족의 장점을 살려 최강의 기마부대를 양성했어요. 그리고 이 기마병을 앞세워 세계 정복에 나섰습니다. 칭기즈 칸이 이끄는 몽골 군은 중앙아시아를 거쳐 바그다드의 아바스 왕조를 무너뜨리고, 중국의 금나라와 남송까지 점령했어요. 또한 10만이 넘는 몽골 원정군은 유럽으로 쳐들어가 러시아와 헝가리, 폴란드를 짓밟았습니다. 아시아와 유럽을 공포에 떨게 한 칭기즈 칸은 1227년 원정 중에 죽었지만 몽골의 정복 사업은 끝나지 않았어요. 오고타이는 아버지의 뒤를 이어 유럽, 중국, 고려까지 원정군을 보냈고, 칭기즈 칸의 손자 쿠빌라이 칸은 강력한 국가를 세워 정복 사업을 마무리지었습니다. 우리가 아는 원나라는 바로 쿠빌라이 칸이 1271년 중국에 세운 국가입니다.

원나라는 약 100년간 중국을 비롯하여 동아시아 전역을 지배했는데, 다루가치라는 독특한 제도로 이민족을 다스렸습니다. 다루가치는 정복한 지역의 정치를 감시하는 관리로서, 몽골 인과 색목인만 임명되었어요. 따라서 원나라가 중국을 다스리는 동안 중국인은 높은 지위에 오를 수가 없었고, 늘 몽골 인과 색목인의 지배를 받아야 했어요. 그만큼 중국민족의 불만도 컸지요. 결국 원나라는 1368년 한족 부흥을 내세운 주원장에게 무너졌고, 이어서 명나라가 들어섰습니다.

원의 사위 나라가 된 고려

천신만고 끝에 몽골을 물리쳤지만 고려는 이때 초조대장경을 잃고 말았어요. 그뿐인가요? 3년 뒤 다시 쳐들어온 몽골 군은 온 나라를 피로 물들이고, 삼국 시대 가장 큰 절인 경주 황룡사까지 한 줌 재로 만들어 버렸어요. 다행히 몽골 왕실이 왕위를 둘러싸고 다툼을 벌이면서 몇 년간 고려는 평화를 누렸습니다.

원나라의 수도였던 베이징의 번화한 시가지 모습입니다. 고려의 왕들은 세자 시절 원나라에서 살아야 했는데, 그래서 변발을 하고 몽골 복장을 한 채 귀국하기도 했답니다. 또 몽골 인이 즐겨 먹던 만두와 소주는 우리 나라에 전해져 지금은 우리의 대표적인 음식이 되었지요.

그러나 그것도 잠시뿐이었어요. 몽골의 침략은 계속되었고, 특히 1253년의 5차 침입 때는 강화도를 제외한 전 국토가 몽골 군의 말발굽 아래 신음했습니다. 그런데 이때 김윤후가 다시 한 번 빛을 발했어요. 충주성을 지키던 김윤후는 두 달 동안이나 몽골 군의 포위 공격을 막아 냈습니다. 김윤후는 백성들의 흩어진 마음을 한데 모아야만 이길 수 있다고 믿었어요. 그래서 노비 문서를 불태우며 천한 노비들을 다독이는 한편, 물자를 똑같이 나눠 주어 백성들과 병사들의 사기를 북돋았습니다. 결국 똘똘 뭉쳐 저항하는 고려의 기세에 눌린 몽골 군은 포위를 풀고 돌아갔습니다.

그런데 1258년 고려 조정이 발칵 뒤집히는 일이 일어났습니다. 임금보다 더 큰 권력을 자랑하던 최의가 제 부하인 유경과 김인준의 손에 죽임을 당하고 만 거예요. 이로써 60년 넘게 고려를 좌지우지해 온 최씨 정권은 무너졌습니다. 하지만 고종 임금은 힘이 없었고, 정치는 더욱 어지러웠습니다. 몽골은 이 틈을 놓치지 않고 앞잡이 홍다구를 내세워 총공격을 감행했어요. 긴 전쟁에 지칠 대로 지친 고려군과 백성들은 적의 칼날 앞에 낙엽처럼 쓰러졌어요. 강화도 함락도 이제 시간 문제였지요. 결국 고종은 항복을 선언했어요. 그리고 1270년 고려 조정은 39년 만에 개경으로 돌아왔습니다. 이때부터 고려는 원나라의 부마*국이 되어 원의 지배를 받았습니다.

부마
왕의 사위를 뜻하는데, 고려 왕은 원의 공주를 왕비로 맞아야 했습니다.

아는것이힘!

조국을 배반한 홍다구 집안

홍다구의 아비는 몽골의 2차 침입 때 길 안내를 한 홍복원입니다. 홍복원은 원래 국경을 지키는 고려군 장교였어요. 그러나 몽골이 첫 침략한 후 무신 정권에 맞서다가 실패하자 몽골로 달아났습니다. 몽골은 그에게 벼슬을 주고 요동에 사는 고려인들을 다스리게 했어요. 이후 홍복원은 몽골군이 쳐들어올 때마다 앞장서 길 안내를 했어요. 홍복원이 죽은 후엔 아들 홍다구가 앞잡이 노릇을 했습니다. 몽골에서 나고 자란 홍다구는 고려에 안 좋은 감정을 가지고 있었어요. 그래서 고려를 침략하는 몽골 군을 돕거나, 삼별초의 항쟁(고려가 몽골에 대항한 항쟁)을 진압하는 데 앞장서기도 했어요. 홍다구의 아들 홍중희도 고려를 다시 중흥시키려는 충선왕을 원에 고자질하여 쫓아내는 등, 할아버지와 아버지의 뒤를 이어 원의 앞잡이 노릇을 했어요.

진리로 세상을 구하리라

스물두 살의 청년 일연이 승과에서 일등으로 합격하자 주위 사람들은 모두 일연이 크고 유명한 절에 머물 거라고 생각했어요. 하지만 일연은 이런 기대를 저버리고, 비슬산(경상북도 달성군)의 보당암이란 작은 암자로 들어갔어요. 그리고 잠시도 쉬지 않고 수도에만 정진했습니다.

"장원 급제까지 했으니 좀 쉬엄쉬엄하게나."

이런 말을 들어도 일연은 빙그레 웃을 뿐, 그저 불법을 닦는 데만 힘썼습니다.

'승과에 급제했다고 깨달음을 얻은 것은 아니야. 참된 진리를 깨우쳐서 중생들을 바른 길로 인도하는 것이 내 사명이니 열심히 해야지.'

일연은 오로지 진리를 깨치기 위해 밤낮 없이 공부에 매달렸습니다. 그러나 세상은 점점 더 어지러워지고 있었습니다. 몽골 군은 전라도를 거쳐 경상도까지 쑥대밭으로 만들고 있었어요. 일연은 문수보살에게 기도를 올렸습니다.

"문수보살님, 어떻게 하면 좋을까요?"

'지금 당장 무주암으로 옮겨 가라.'

기도를 올리자 놀랍게도 문수보살이 나타나 계시를 주었습니다.

일연은 비슬산 북쪽에 자리한 무주암으로 거처를 옮겼어요. 그리고 잠을 잊은 채 수도에 정진했습니다. 고통받는 중생들의 신음 소리가 귓전에 아른거렸어요. 과연 이런 때 암자에 파묻혀 수행을 하는 게 옳은 일일까? 일연은 마음속에 떠오르는 온갖 생각을 지우기 위해 더욱 공부에 매달렸습니다.

'진리를 알아야만 불쌍한 중생들을 진정으로 도울 수 있다!'

해가 뜨고 지고 달이 뜨고 지기를 얼마나 했을까요? 먹지도 자

청곡사 영산회 괘불탱
석가가 설법하는 장면인 영산회상도를 그린 거예요. 중앙에 석가가 있고 양 옆에 문수보살과 보현보살이 있어요. 석가의 모습이 당당하고 우람하면서도 중후하게 표현되어 있네요. 문수와 보현보살은 연꽃가지를 들고 있는데, 석가보다 약간 뒤로 물러서 원근감을 나타냈고, 보살의 머리 위에는 석가의 제자인 아난과 가섭을 비롯해 여러 불상이 그려져 있어요.
괘불이란 절에서 큰 법회나 의식을 할 때 법당 앞뜰에 걸어 놓고 예배를 드리는 대형 불교 그림을 말해요. 이 괘불은 조선 시대 유명한 승려 화가인 의겸 등이 참여하여 제작한 것입니다.

문수보살
지혜를 상징하는 보살이에요. 일반적으로 경전과 연꽃을 들고 있고, 때로는 위엄과 용맹을 상징하는 청사자를 타고 있기도 해요.

지도 않고 수행한 끝에 일연은 마침내 큰 깨달음을 얻었어요. 일연의 나이 서른한 살 때 일이었어요.

'이제는 중생을 위해 내 한 몸을 바쳐야지.'

나라에서는 일연이 이룬 높은 덕을 기려 삼중대사에 임명했습니다. 지위는 높아졌지만 일연의 몸가짐은 오히려 낮아졌습니다. 일연은 엄격한 참선 수행을 통해 깨달음을 얻은 선승이지만, 일반 신도들을 위해서는 염불도 기도도 마다하지 않았어요.

"스님이 그러시면 사람들이 불경은 안 읽고 염불만 한단 말이에요."

제자들이 볼멘소리를 하면 일연 스님은 정색을 하고 말했습니다.

"외적에 시달리는 백성들이 '나무관세음보살'을 외어 마음의 평화를 얻는다면 무엇이 잘못인가? 나는 중생을 위해 진리를 구했을 뿐, 진리를 얻기 위해 공부한 것이 아니네."

일연의 따뜻한 가르침은 전쟁에 시달리는 사람들의 마음을 달래 주었습니다. 더불어 일연의 이름도 널리 알려지게 되었습니다.

1249년에는 남해 정림사의 주지로 초빙되었습니다. 마침 조정에서는 학식이 풍부한 일연에게 대장경 간행 사업을 지휘하라는 명을 내렸어요. 일연은 3년 동안 남해의 분사도감*에서 간행 사업을 진행했어요.

분사도감
장경 간행을 맡은 대장도감의 지부.

역사에서 희망을 찾다

일이 어느 정도 마무리되자 일연은 다시 바랑을 메고 길을 떠났습니다. 몽골 군이 짓밟고 지나간 곳마다 통곡과 신음 소리가 하늘을 찔렀습니다. 고통에 사무친 사람들은 일연을 붙잡고 원망도 하고 하소연도 했어요. 잔인한 몽골 군에게 시달리면서 사람들은 싸울 의지도, 살아나갈 희망도 잃은 채 빈껍데기가 되고 있었어요. 일연은 그 모습을 보며 너무나 마음이 아팠습니다. 어떻게 하면 사람들에게 희망을 줄 수 있을까? 일연은 생각에 생각을 거듭했어요. 그리고 답을 찾았습니다. 그것은 바로 역사였습니다.

'우리 나라의 자랑스런 역사를 사람들에게 알려 주자. 우리가 얼마나 위대한 민족이며 얼마나 많은 고난을 이겨 냈는지 안다면 사람들은 희망을 가질 거야.'

전부터 일연은 역사와 전설 같은 옛 이야기에 관심이 많았습니다. 하지만 그때는 단순한 호기심이었다면, 이제는 사명감이 생겼습니다. 올곧은 역사를 알려서 절망에 빠진 사람들에게 힘을 주고 나라를 지키겠다는 사명감말이지요.

그날부터 일연은 가는 곳마다 열심히 자료를 모으고 역사적인 사실을 찾고 물었습니다. 《삼국유사》에 실린 숱한 설화와 일화들, 또 절과 탑에 관한 꼼꼼한 기록들은 모두 일연이 직접 발품을 팔아 알아낸 것입니다.

1261년 원종 임금은 56세가 된 일연을 강화도로 불렀습니다. 무신 정권이 무너지고 임금이 통치를 하게 되었지만 아직 옛 세력들이 남아 있었습니다. 불교계도 마찬가지였지요. 원종은 과거의 지배자들과 관계가 없는 일연을 불러들여 자신을 돕게 했어요. 나라를 위해 강화도로 가기는 했지만 일연은 곧 염증을 느꼈습니다. 화려한 도회지 생활도 맘에 들지 않았고, 백성들의 고통은 외면한 채 권력 다툼만 벌이는 조정 사람들도 싫었습니다. 처음에는 이런 것들을 고치려고 애썼지만 눈앞의 이익만 생각하는 사람들을 바꿀 수는 없었어요.

 결국 3년 만에 일연은 포항 오어사로 내려왔어요. 바닷가에 자리한 이곳에서 일연은 탈해왕 설화며 연오랑 세오녀 이야기 같은 숱한 설화를 수집했습니다. 물론 이 자료들은 모두 《삼국유사》에 담겨졌지요.

 다시 인홍사로 자리를 옮긴 일연은 이때부터 본격적으로 《삼국유사》를 집필하기 시작했습니다. 그로부터 10년 만인 1278년, 일연은 제자들과 힘을 모아 삼국 시대의 연표인 〈역대 연표〉를 완성합니다. 이것은 《삼국유사》의 첫 권인 〈왕력〉편의 기초가 되었습니다. 첫 단추를 꿴 셈이랄까요.

 그리고 다시 5년의 세월이 흘렀습니다. 지치고 절망한 백성들에게 희망을 주겠다는 일연의 의지는 마침내 결실을 맺었습니다.

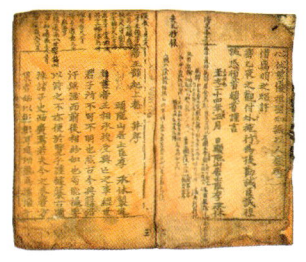

《제왕운기》
고려 충렬왕 13년인 1287년에 이승휴가 한국과 중국의 역사를 역사시로 쓴 책입니다. 이승휴는 무신정권과 몽골의 침략을 겪으면서도 늘 바른 말을 서슴지 않는 곧은 선비였습니다. 그가 쓴 《제왕운기》는 첫머리부터 우리나라가 중국과 다른 독립국임을 밝혀 민족의식을 고취했습니다.

《삼국유사》가 완성된 것입니다. 민족의 뿌리를 밝힌 단군 신화를 비롯하여, 여러 왕들의 신기한 전설과 설화는 고려인의 자부심을 일깨웠습니다. 몇 해 뒤에는 이승휴가 단군, 발해를 두루 아우른 《제왕운기》를 지어 역사의식을 높였는데, 이 또한 일연의 영향을 받은 것입니다.

4. 《삼국유사》에 담긴 우리 역사 이야기

최초의 국가가 탄생하기까지

《삼국유사》에 따르면, 우리가 사는 한반도에 처음 나라가 생긴 것은 기원전 2300년 경의 일이라고 합니다. 지금으로부터 4500년 전이니 정말 아득한 옛날 이야기지요.

이 시기는 돌을 사용하던 석기 시대가 끝나고 청동기 시대가 막 시작하던 때였어요. 석기 시대는 보통 구석기와 신석기, 둘로 나뉩니다. 구석기 시대는 생긴 그대로의 투박한 돌을 사용했다면, 신석기 시대에는 돌의 성질에 따라 날카롭게도 만들고 둥글게도 만들어 쓰기 좋게 다듬었어요.

도구가 발달하면서 자연히 짐승도 더 잘 잡고 고기도 더 잘 낚게 되었지요. 늘 부족했던 식량이 이제는 먹고 남을 정도가 된 거예요. 사람들은 흙으로 그릇을 빚어 음식도 담고 채집한 씨앗도 보관해 두었습니다.

사람들이 땅을 갈고 씨를 뿌려 농사를 짓기 시작한 것도 신석기 시대부터였어요. 김포 가현리, 강화 우도 등에서 볍씨며 벼과의 꽃가루가 발견된 것으로 보아 벼농사도 지었던 것으로 추정됩니다. 이렇게 농사를 지으려면 여러 사람의 힘이 필요했기 때문에 공동체의 규모도 커졌어요. 살림살이는 전과는 비교할 수 없을 정도로 나아졌고 인구도 크게 늘어났어요.

먹을 것도 많아지고 사는 집도 좋아졌지만 사람들이 모두 행복해진 것은 아니었어요. 인구가 늘고 식량이 많아지면서 다툼도 욕심도 함께 늘었어요. 많이 가진 사람은 더 가지려 했고, 크고 힘센 집단은 약한 집단을 공격해서 뺏는 데 재미를 붙였지요. 청동기가 등장하면서 다른 무엇보다 무기가 발달했어요. 강력한 청동 무기

선사 시대 돌로 만든 농경구

선사 시대 고기잡이 도구

철제 무기

를 앞세운 부족은 약한 집단을 공격해 재물을 빼앗고 사람들을 노예로 만들어 힘을 키웠어요. 국가가 생긴 것은 바로 이런 과정에서 나타난 결과랍니다.

《삼국유사》에는 환웅천왕이 "곡식, 병, 형벌, 선악 같은 360여 가지 인간의 일을 주관했다."는 기록이 있어요. 이것을 보면 이때 사람들이 농사를 지었고, 형벌로 다스려야 할 만큼 다툼이 있었으며, 또 형벌과 선악을 판정하는 지도자가 있었음을 알 수 있습니다. 즉 국가로서의 모습을 갖춰 가던 시기였지요. 그리고 바로 뒤이어 단군왕검이 우리 나라 최초의 국가인 '조선'을 세운 것입니다.

'농경'이라는 글자가 새겨진 청동기
우리나라의 농경 생활은 중국 동북 지방을 비롯하여 북방 문화의 영향을 받아 시작되었어요. 청동기 시대에는 본격적으로 벼·조·수수·보리·콩과 같은 오곡 농사를 지었는데, 따비로 밭을 갈고 있는 무늬가 새겨진 '농경문 청동기'는 그것을 증명해 주는 좋은 자료예요.

고조선은 어디에 있었을까?

고조선의 중심지가 어디인가에 대해서는 크게 두 가지 의견이 있습니다. 첫째는 대동강 중심설입니다. 단군이 평양성에 도읍했다는 《삼국유사》를 비롯하여, 조선 시대의 《동국통감》, 중국의 《한서》 같은 역사책이 이 주장을 뒷받침하는 자료입니다. 반면 이익, 박지원 등의 실학자나 신채호, 안재홍 같은 민족주의 역사학자는 요동 중심설을 주장했어요. 중국의 《삼국지》라는 역사서 등을 볼 때, 고조선은 만주와 한반도 북부를 아우른 거대한 영토를 갖고 있었다는 것이지요. 현재도 이 두 가지 견해는 팽팽히 맞서고 있는데, 더 많은 유적이 발굴되고 연구가 진행되면 좀 더 정확한 사실을 알게 될 거예요.

삼국의 건설에서 멸망까지

고조선은 약 2000년간 만주와 한반도 북부 지역에 군림하다가 기원전 108년 중국 한나라의 공격을 받아 멸망했습니다. 한나라는 고조선 땅에 4개의 군을 두어 다스렸지만 낙랑군을 빼고는 힘이 그리 강하지 못했어요. 대신 새로운 세력들이 이 땅에 나타났습니다. 북만주 일대에는 부여와 고구려가, 함경도에는 옥저, 그 아래에는 동예가 들어섰고, 한반도 중남부 지역에는 마한, 진한, 변한의 삼한이 발달했지요.

특히 만주 일대를 무대로 활약한 부여는 고구려와 백제 왕실의 뿌리이기도 합니다. 졸본부여, 즉 고구려를 세운 주몽도 부여 출신이며, 주몽에게 밀려나 한강에 백제를 세운 이들도 역시 부여족이었지요. 이 중 고구려는 313년 낙랑군을 멸망시켜 이 땅에서 외국 세력을 완전히 쫓아냅니다.

오늘날 발굴되는 이 국가들의 유적지를 보면, 저수지를 만들어 농사를 지을 만큼 농업이 발달한 걸 알 수 있어요. 또한 목축이 발달했고 청동기는 물론 철기까지 사용했지요. 변한과 진한에서는 철이 많이 나서 주변의 마한과 동예는 물론, 멀리 중국과 일본에서도 철을 사러 왔습니다.

철기 시대가 열리면서 다시금 힘센 나라가 주위의 나라들을 집어삼키는 일이 벌어졌어요. 그 결과 마한은 백제로, 진한은 신라

무용총의 사냥도
중국 길림성 집안현에 있는 무용총에는 고구려 시대의 사냥 모습을 표현한 그림이 그려져 있어요. 사냥꾼들이 말을 타고 산과 들을 질풍같이 달리며, 사슴과 범 등을 활로 쏘고 있는 모습을 보면, 고구려 사람들의 기상이 지금도 느껴지는 것 같아요.

로 발전했지요. 그런가 하면 변한은 여섯 나라가 합쳐 이루어진 가야 연맹으로 발전해 500년 넘게 유지되다가 신라에 흡수되었어요. 북쪽의 부여와 옥저, 동예도 고구려에 통합되었지요. 이리하여 고구려, 백제, 신라의 삼국 시대가 열리게 됩니다. 삼국의 개막은, 강력한 힘을 가진 왕이 여러 관리들을 두고 온 나라를 다스리는 '중앙 집권' 국가가 등장했음을 뜻합니다.

그 후 약 700년간 삼국은 다투기도 하고 협력하기도 하면서, 서로 영향을 주고받으며 성장했습니다. 하지만 팽팽한 세 나라의 세력 경쟁은 660년 당나라와 손잡은 신라에게 백제가 망하고, 668년 고구려까지 멸망하면서 막을 내립니다. 이후 신라는 약 200여 년

간 한반도 유일의 왕국으로서 군림했어요. 그리고 고구려 유민들은 상경에 발해를 세워, 중국과 신라에 맞선 제3의 세력을 자랑했지요.

그러나 천년 왕국 신라는 왕실와 귀족들의 부패로 자멸의 길을 걸었어요. 이 틈을 타서 궁예, 견훤 등이 새로 자신의 근거지에서 나라를 일으켰습니다. 이른바 후삼국 시대가 시작된 거예요.

저마다 군사를 일으켜 세력을 다투는 어지러운 시대가 몇십 년간 계속되면서 백성들의 생활은 비참해졌어요. 그 과정에서 상층 귀족들과 하층 백성들의 고른 지지를 받은 왕건이 세력을 모으기 시작했어요. 마침내 935년, 견훤의 후백제와 신라가 잇달아 무릎을 꿇으면서 왕건이 혼란에 종지부를 찍었습니다. 일연 스님이 살았던 고려 시대가 막을 연 것이지요.

이처럼 일연 스님이 기록한 《삼국유사》에는 단군왕검의 고조선에서 시작하여 부여, 삼한, 가야 등의 부족 국가 시대를 거쳐, 고구려, 백제, 신라의 삼국 시대의 시작부터 멸망까지 긴 역사가 담겨 있습니다. 자, 이제부터 《삼국유사》의 생생한 이야기 속으로 들어가 볼까요!

《삼국유사》에 등장하는 고대의 여러 나라들

아는 것이 힘!

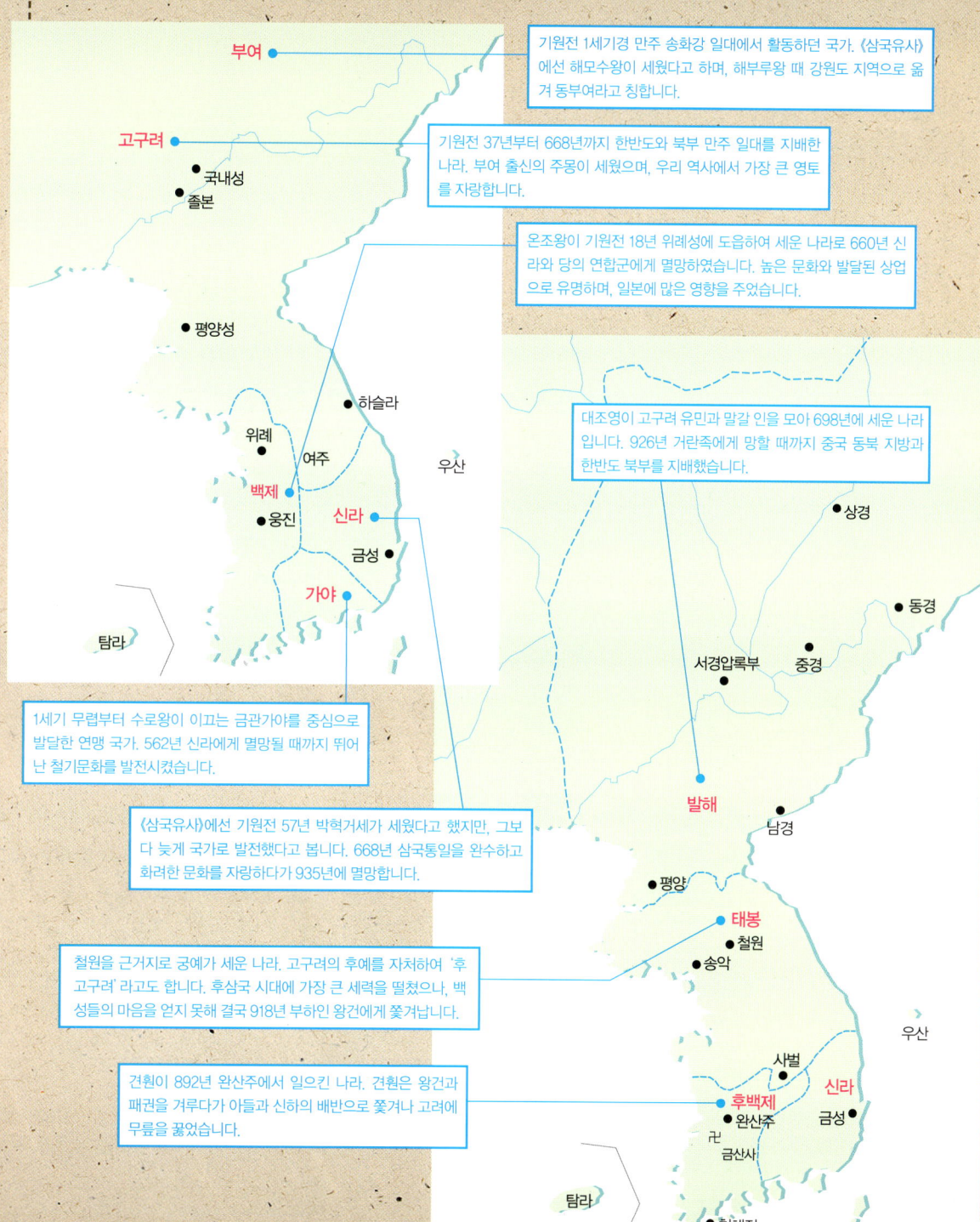

- **부여**: 기원전 1세기경 만주 송화강 일대에서 활동하던 국가.《삼국유사》에선 해모수왕이 세웠다고 하며, 해부루왕 때 강원도 지역으로 옮겨 동부여라고 칭합니다.

- **고구려**: 기원전 37년부터 668년까지 한반도와 북부 만주 일대를 지배한 나라. 부여 출신의 주몽이 세웠으며, 우리 역사에서 가장 큰 영토를 자랑합니다.

- **백제**: 온조왕이 기원전 18년 위례성에 도읍하여 세운 나라로 660년 신라와 당의 연합군에게 멸망하였습니다. 높은 문화와 발달된 상업으로 유명하며, 일본에 많은 영향을 주었습니다.

- **발해**: 대조영이 고구려 유민과 말갈 인을 모아 698년에 세운 나라입니다. 926년 거란족에게 망할 때까지 중국 동북 지방과 한반도 북부를 지배했습니다.

- **가야**: 1세기 무렵부터 수로왕이 이끄는 금관가야를 중심으로 발달한 연맹 국가. 562년 신라에게 멸망될 때까지 뛰어난 철기문화를 발전시켰습니다.

- **신라**:《삼국유사》에선 기원전 57년 박혁거세가 세웠다고 했지만, 그보다 늦게 국가로 발전했다고 봅니다. 668년 삼국통일을 완수하고 화려한 문화를 자랑하다가 935년에 멸망합니다.

- **태봉**: 철원을 근거지로 궁예가 세운 나라. 고구려의 후예를 자처하여 '후고구려'라고도 합니다. 후삼국 시대에 가장 큰 세력을 떨쳤으나, 백성들의 마음을 얻지 못해 결국 918년 부하인 왕건에게 쫓겨납니다.

- **후백제**: 견훤이 892년 완산주에서 일으킨 나라. 견훤은 왕건과 패권을 겨루다가 아들과 신하의 배반으로 쫓겨나 고려에 무릎을 꿇었습니다.

제 2 부

우리 역사의 **보물 창고**,
《**삼국유사**》

1장
하늘이 열리고 나라가 서다

단군왕검, 조선을 세우다

옛날 옛적, 하늘신 환인의 여러 아들 중에 환웅이란 분이 있었다. 환웅은 어려서부터 인간 세상에 관심이 많았다. 다른 형제들이 뭐라 하든 말든 환웅은 늘 구름 저 아래 인간 세상을 내려다보며 꿈을 키웠다. 아버지 환인이 아들의 이런 속내를 모를 리 없었다. 처음엔 사랑하는 자식을 곁에 두고 싶어 모른 척 했지만, 결국 환인은 아들의 소원을 들어주기로 마음먹었다. 환인은 지상의 여기저기를 살피며 마땅한 곳을 찾았다. 삼위태백산* 주위를 보는 순간, 환인은 무릎을 쳤다. 아름답게 뻗은 산과 기름진 들이 펼쳐진 그곳이야말로 세상을 다스리는 중심지로 손색이 없었다.

환인은 아들을 불렀다.

"네가 일찍부터 인간 세상에 뜻이 있음을 알고 있노라. 너를 떠나보내는 것은 슬픈 일이나 혼란스러운 저 세상을 다스리는 일을 어찌 막겠느냐! 내가 이제 네 꿈을 펼치기에 좋은 곳을 찾았노라."

환웅은 놀라고 감격하여 아무 말도 하지 못했다.

"자, 여기 천부인 3개를 주노니 이는 하늘이 임금된 자에게 주는 표적이니라. 너는 이것을 가지고 내려가서 널리 인간을 다스려 이롭게 하라. (우리나라의 건국 이념인 '홍익인간' 사상이 여기서 나옵니다.)"

"아바마마, 이 은혜를 잊지 않겠나이다."

환웅은 아버지께 작별 인사를 올리고 그토록 꿈꾸던 인간 세상으로 내려갔다. 이 때 하늘나라에서는 3000명이 환웅을 따라 함께 내려갔다. 환웅이 도착한 곳은 태백산 꼭대기에 우뚝 솟은 신단수라는 나무 아래였다. 환웅은 이곳을 도읍으로 삼고 신의 도시라는 뜻으로 '신시'라 이름지었다. 그리고 그 날부터 바람의 신, 비의 신, 구름의 신을 거느리고 인간 세상을 다스렸다.

환웅천왕이 세상을 다스리던 시절, 깊은 산 속에 곰과 범이 살고 있었다. 그런데 이 곰과 범에게는 특별한 소망이 있었다. 사람이 되고 싶었던 것이다. 곰과 범은 날마다 환웅천왕에게 정성껏 빌었다.

"천왕님, 제발 저희도 사람이 되게 해 주세요."

삼위태백산 삼위란 높은 봉우리가 세 개인 산을 뜻한다. 또 태백산은 평안도에 있는 묘향산을 이른다고 일연은 설명했다. 하지만 조선 후기 실학자들은 태백산은 바로 백두산이라고 고증했다.

환웅도 마침내 이들의 정성에 감동하고 말았다. 그리하여 이들에게 신령한 쑥 한 심지와 마늘 스무 개를 주며 말했다.

"너희가 이것을 먹고 백 일 동안 햇빛을 보지 않는다면 소원대로 사람이 될 것이다."

곰과 범은 기뻐 어쩔 줄 몰랐다. 그리고 당장 컴컴한 동굴 속에 들어가 쑥과 마늘만 먹으며 시간이 흐르기를 기다렸다. 하지만 성미 급한 범은 얼마 견디지 못하고 동굴을 뛰쳐나가고 말았다. 오직 곰만 혼자 남아, 쓰고 매운 쑥과 마늘을 먹으며 인내했다.

그렇게 21일째 되는 날이었다. 지쳐 쓰러졌던 곰은 선뜻한 기운에 정신을 차렸다.

"왜 이리 춥지? 벌써 겨울이 오려나."

냉기에 잔뜩 몸을 웅크리던 곰은 순간, 깜짝 놀라 외마디 비명을 질렀다.

"으아! 내 몸이, 내 몸이!"

그랬다. 시커멓게 몸을 감싼 털이 사라지고 곰은 어느 새 사람의 피부를 가진 여자가 되어 있었다. 웅녀가 탄생한 것이었다.

그러나 곰에서 탈바꿈한 웅녀에게는 혼인할 상대가 없었다.

'여자의 몸이 되었으니 자식을 낳아 어머니가 될 수 있었으면……'

웅녀는 다시 신단수에서 아이를 배게 해 달라고 기도했다. 웅녀의 간절한 기도에 마음이 움직인 환웅은 잠시 사람으로 변해 웅녀와 혼인했다. 이렇게 해서 낳은 이가 바로 단군왕검이다.

단군왕검은 평양성에 도읍을 정하고 나라 이름을 '조선'이라 했다. 기원전 2300년, 요 임금이 중국을 다스리던 때의 일이었다. 후에 단군은 도읍을 백악산 아사달로 옮겨, 1500년간 나라를 다스렸다. 그리고 아사달에서 산신이 되었는데 나이가 무려 1908세나 되었다고 한다.

부여를 다스린 금개구리 왕

기원전 59년 4월 9일 아침이었다. 갑자기 하늘이 열리더니 천제의 아들이 다섯 마리 용이 끄는 수레를 타고 흘승골성*으로 내려와 나라를 세웠다.

"지금부터 나라 이름을 북부여라 한다. 그리고 나를 해모수왕이라 부르도록 하라!"

한반도 북부 지역을 다스리던 해모수왕은 아들을 낳아 이름을 부루라 했다.

세월이 흘러 해부루왕이 부여를 다스릴 때였다. 어느 날 밤, 대신 아란불의 꿈에 천제가 나타나 말했다.

"이곳에 내 자손이 나라를 세울 터이니 너희는 다른 곳으로 피하여라!"

아란불은 놀라 소리쳤다.

"피하라시면 어디로 가리까?"

흘승골성 중국 요녕성 유가구촌에 있는 오녀산성으로 알려진다.

천제는 불쌍했는지 이렇게 일러 주었다.

"동해 바닷가에 가면 가섭원이란 곳이 있다. 가섭원은 땅이 기름지고 살기 좋으니 도읍으로 삼도록 하라."

말을 마치자마자 천제는 홀연히 사라졌다. 깜짝 놀라 잠이 깬 아란불은 부리나케 궁으로 달려갔다. 그리고 해부루왕에게 꿈 이야기를 고했다. 자초지종을 들은 해부루왕은 "천제께서 정하신 일이니 따라야지 어쩌겠는가!" 하고 탄식했다.

이리하여 북부여는 수도를 가섭원으로 옮기고 나라 이름도 동부여로 바꾸었다. 얼마 후 북부여에서는 동명왕이 일어나 졸본(평안남도 성천의 옛이름) 주를 서울로 삼고 졸본부여를 세웠다. 이것이 바로 고구려 왕조의 시작이다.

한편, 동부여는 새로운 터전에서 힘찬 발전을 꿈꾸고 있었다. 다행히 나라는 금방 자리를 잡았다. 그런데 해부루왕에게는 큰 고민이 있었다. 뒤를 이을 아들이 없었던 것이다. 걱정하던 왕은 어느 날 신하들을 데리고 나가 산천에 제사를 지냈다.

"부디 대를 이을 아들 하나만 점지해 주소서!"

해부루왕은 늙은 몸을 이끌고 하루 종일 기도를 올렸다. 그리고 해질 무렵이 되어서야 궁으로 돌아가기 위해 길을 나섰다. 그런데 왕이 탄 말이 곤연이라는 큰 못 앞에 이르렀을 때였다. 갑자기 말이 커다란 돌을 바라보며 그 자리에 선 채 눈물을 뚝뚝 흘리는 것이었다.

"괴이한 일이로군. 여봐라! 저 돌을 들춰 보아라."

　해부루왕은 신하들에게 명했다. 신하들은 끙끙대며 돌을 치웠다. 그런데 이게 웬일인가? 거기에 개구리처럼 생긴 황금빛 사내아이가 있는 게 아닌가! 왕은 기뻐서 소리쳤다.

　"하늘이 내 기도를 들으시고 아들을 주셨구나!"

　해부루왕은 아이 모습이 금개구리 같다며 '금와'라 이름짓고 애지중지 키웠다. 금와가 자라 청년이 되자 해부루왕은 그를 태자로 삼았다. 몇 년 뒤 해부루왕이 세상을 뜨고 금와가 왕위에 올랐다. 금와왕은 나라를 잘 다스렸다. 하지만 그 뒤를 이은 대소왕은 고구려의 침략에 목숨을 잃고, 나라도 고구려에게 넘어갔다. 서기 22년, 한때 드넓은 영토를 자랑하던 동부여는 지도에서 사라지고 말았다.

활 잘 쏘는 주몽이 고구려를 세운 이야기

고구려를 세운 동명성제는 성은 고씨고 이름은 주몽이었다. 주몽이 태어난 이야기는 신기하기 짝이 없다.

해부루왕을 이어서 금와왕이 나라를 다스릴 때 일이다. 어느 날, 금와왕이 태백산*남쪽 우발수를 지나다가 눈부시게 아름다운 젊은 여인을 만났다. 사람이 잘 다니지 않는 곳에서 뜻밖에 미인을 만난 왕은 호기심이 일었다.

"젊은 여인이 왜 이런 곳에 있는가?"

"저는 유화라고 하며, 물을 다스리는 신 하백의 딸입니다. 우연히 천제의 아들 해모수를 만나 사랑에 빠졌지요. 하지만 해모수는 말없이 떠나더니 영영 돌아오지 않았어요. 부모님은 허락도 받지 않고 낯선 남자를 따라갔다며 저를 이 곳으로 귀양 보내셨답니다."

금와왕은 유화가 보통 여자가 아니라고 생각해 궁궐로 데려왔다. 그리고 빛이 들지 않는 으슥한 방에 가두었다. 그런데 신기하게도 빛이 들지 않던 그 방으로 햇빛이 들어오더니 유화의 몸을 비추는 것이었다. 햇빛을 피해 몸을 움직여도 계속 따라다니며 비추었다. 그러더니 어느 사이에 유화의 배가 점점 불러와서 마침내 잉태하기에 이르렀다.

태백산 여기서는 백두산을 가리킨다.

하지만 유화가 낳은 건 사람이 아니라 커다란 알이었다. 금와왕은 꺼림칙해서 알을 내다 버리라 했다. 시종들은 알을 개와 돼지에게 던져 주었지만, 웬일인지 어느 놈도 먹으려 하지 않았다. 다시 길바닥에 던졌더니 오가는 말과 소가 조심스럽게 피해 다니는 게 아닌가! 또 들판에 버리자 이번엔 새와 짐승 들이 와서 알을 덮어 보호했다.

화가 난 금와왕이 망치로 깨뜨리려 했지만 어찌나 단단한지 꿈쩍도 하지 않았다. 그제서야 어찌 할 수 없는 걸 알고 어미인 유화에게 돌려주었다.

유화가 알을 따뜻한 곳에 두었더니 드디어 사내아이 하나가 껍질을 깨고 나왔다. 아이는 어깨가 딱 벌어지고 키가 큰 것이 겉모습부터 보통 사람과 달랐다. 일곱 살이 되었을 때는 제 손으로 직접 활과 화살을 만들어 쏘는데, 쏘는 것마다 백발백중이었다. 동부여에서는 활 잘 쏘는 사람을 '주몽'

이라고 부르는 풍속이 있었다. 그래서 이 아이도 주몽이라 불리게 되었다.

금와왕에게는 아들이 일곱 명 있었는데 주몽과 함께 활도 쏘고 말도 타며 놀았다. 하지만 무엇을 해도 주몽을 따를 수가 없었다. 맏이 대소는 그런 주몽이 밉고 싫었다. 그래서 아버지 금와왕을 졸랐다.

"주몽은 알에서 태어난 요물이에요. 빨리 처치하지 않으면 나중에 큰일을 당할 것입니다."

하지만 금와왕은 주몽을 죽이는 대신 마굿간에서 일하게 했다.

주몽은 마굿간에서 일하며 차근차근 앞날을 준비해 갔다. 주몽은 품종이 좋은 날쌘 말에게는 일부러 먹이를 조금 주고, 굼뜬 놈은 오히려 잘 먹여 보기 좋게 만들었다. 아니나다를까, 왕은 살찐 말은 자신이 타고 볼품 없이 여윈 말은 주몽에게 주었다.

또 주몽은 틈날 때마다 무예를 연마하고, 믿을 수 있는 친구들과 깊은 우정을 나눴다. 주몽을 칭찬하고 따르는 사람들도 갈수록 많아졌다.

이렇게 되자 여러 왕자들과 신하들은 주몽을 해치기로 결심했다. 주몽의 어머니 유화 부인은 위험을 눈치채고 은밀히 아들을 불렀다.

"여기 더 있다간 네 목숨이 위험하다. 너라면 어디 간들 못 살겠느냐. 어서 몸을 피하거라."

주몽은 어머니와 눈물로 작별하고, 곧바로 평소 길들여 둔 날쌘 말을 타고 동부여를 떠났다. 형제 같은 세 친구 오이, 마리, 협부도 물론 주몽과 함께했다.

주몽이 탈출하자마자 일곱 왕자도 군사를 거느리고 뒤를 좇았다. 숨가쁘게 말을 달리던 주몽 일행은 엄수라는 큰 강물에 발이 묶이고 말았다. 추적자들은 점점 더 다가오고, 다급해진 주몽은 강물을 향해 큰 소리로 외쳤다.

"나는 하늘신의 아들이요, 물의 신 하백의 외손자다. 나를 해치려는 자들이 곧 올 터이니 이 일을 어찌하면 좋겠는가!"

말이 끝나기 무섭게 강물 속에서 물고기와 자라들이 새까맣게 떠올랐다. 그러곤 순식간에 다리를 만들었다. 주몽과 친구들은 물고기 다리를 밟고 강을 건넜다. 물론 왕자들이 왔을 땐 물고기와 자라들은 다 물 속으로 사라져 버린 뒤였고, 추적자들은 발만 동동 굴렀다.

주몽 일행은 천신만고 끝에 졸본주에 도착했다. 그리고 그곳을 도읍으로 삼아 고구려를 세우고, 자신의 성도 고씨로 정했다. 기원전 37년, 고주몽이 열두 살 때 일이었다.*

《삼국사기》에는 스물두 살로 적혀 있다.

신라를 세운 박혁거세

옛날 옛적, 진한 땅에는 여섯 마을이 있었다.

기원전 69년 3월 초하룻날이었다. 여섯 마을 촌장들이 자식들까지 데리고 알천 둑 위에 모였다. 마을들은 점점 커지는데 백성을 다스릴 임금님이 없으니 모두들 제멋대로여서 다툼과 소란이 끊이질 않았다.

"어떻게든 덕망 있는 분을 임금으로 모시고 나라를 세웁시다!"

그래서 사람들은 우르르 높은 산에 올라가 사방을 둘러보았다. 그런데 남쪽 양산 기슭의 나정이라는 우물가에 묘한 기운이 땅에 드리워져 있는 것이었다. 마치 흰 말이 무릎 꿇고 절하는 것 같은 모양이었다. 사람들이 그리로 달려갔더니 자줏빛의 큰 알 하나를 말이 지키고 있었다. 말은 사람들을 보자 울음소리를 길게 뽑으며 하늘로 올라갔다.

깜짝 놀란 사람들은 망설이다가 조심조심 알을 쪼개 보았다. 알 속에는 아주 아름답고 단정한 사내아이가 있었다. 아이를 동천에 데려가 목욕시켰더니 몸에서 광채가 나는데, 영락없는 임금님이었다. 새와 짐승들이 모여 춤추고, 하늘과 땅이 흔들리며, 해와 달이 환하게 빛났다. 그래서 아이 이름을 '세상을 밝게 다스린다.'는 뜻으로 혁거세라 했다.

촌장들은 기뻐서 환호했다.

"하늘이 우리 소원을 들어주셨구나! 이제 임금님께 어울릴 왕비님만 찾으면 되겠다."

이날 낮 12시, 이상한 일이 또 일어났다. 알영 우물가에 계룡 한 마리가 나타나더니 왼쪽 겨드랑이 아래로 여자아이를 낳은 것이었다. 아이는 자태가 매우 고왔지만, 입술이 닭 부리처럼 생겨서 흉측했다. 사람들은 아이를 월성 북쪽 시내로 데리고 가서 목욕을 시켰다. 그랬더니 부리가 떨어지고 앵두같이 예쁜 입술이 나타났다.

　사람들은 궁궐을 짓고 하늘이 내려준 두 아이를 모셨다. 두 아이가 열세 살이 되었을 때, 혁거세는 정식으로 왕이 되고 알영은 왕비가 되었다. 그리고 나라 이름을 서라벌*이라 했다. 기원전 57년의 일이다.

　61년 동안 나라를 다스린 혁거세왕은, 어느 날 홀연히 하늘로 올라가 버렸다. 그리고 7일 뒤에 몸뚱이가 땅에 떨어져 흩어졌다. 왕비도 이때 따라 죽었다. 경주에 가면 오릉이란 곳이 있는데, 이곳이 바로 혁거세왕을 묻은 무덤이다.

주몽의 아들 온조, 백제를 세우다

동부여를 빠져 나온 주몽이 졸본주에 도착했을 때, 졸본을 다스리던 늙은 왕은 딸만 셋을 두고 있었다. 왕은 주몽을 보자마자 비범한 인물임을 알았다. 그래서 둘째 딸과 결혼시켜 사위로 삼았다.

서라벌　서라벌이란 이름은, 신라가 경상도의 여러 국가들 중 하나였을 때 쓰였으며 '사로국' 이라고도 한다. '신라' 라는 국호는 503년에 정식으로 선포되었는데, 이때는 신라가 경상도 일대를 지배하는 큰 나라로 성장한 시기이다.

얼마 후 왕은 죽고 주몽이 왕위를 이었다. 그런데 주몽에게는 동부여에서 낳은 아들과, 졸본에 와서 새로 얻은 두 아들 비류와 온조가 있었다. 아버지 주몽이 배다른 형을 태자로 세우자, 비류와 온조는 혹시 형이 자신들을 해치지 않을까 걱정이 되었다. 고민 끝에 이들은 열 명의 부하를 거느리고 남쪽으로 떠났다. 많은 백성들도 두 왕자를 좇아 함께 내려왔다.

한산(오늘날의 충청남도 서천 지역) 근처에 이르러 두 왕자는 터를 잡을 만한 땅을 찾아보았다. 형 비류는 바닷가 쪽을 택했다. 하지만 열 명의 신하는 모두 반대했다.

"하남 땅이 가장 좋습니다. 북쪽에는 한강이, 동쪽엔 높은 산이 솟아 있으며, 남쪽에는 비옥한 평야가 펼쳐져 있고 서쪽은 바다가 막고 있습니다. 외적이 쳐들어올 수 없는 천연의 요새이니 여기에 수도를 정하십시오."

그러나 고집센 비류는 신하들의 말을 듣지 않았다. 비류는 자기를 따르는 무리들을 이끌고 미추홀(지금의 인천 부근)에 자리를 잡았다.

반면, 동생 온조는 신하들의 말을 좇아 하남 위례성*을 서울로 삼고, 나라 이름을 '십제'라고 했다. 기원전 18년의 일이다. 온조왕은 체격이 크고 성품이 온화하며, 효성이 지극했다. 또 아버지 주몽을 닮아 말타기와 활쏘기를 아주 잘했다.

위례성 정확한 위치를 놓고 여러 의견이 맞서고 있는데, 현재는 경기도 광주 지역이란 주장이 가장 힘을 얻고 있다.

한편, 미추홀로 간 비류는 땅이 습하고 물이 짜서 살 수가 없었다. 비류는 동생이 어찌 지내는지 궁금하여 위례성에 와 보았다. 위례성은 한 나라의 서울로서 손색이 없었다. 백성들도 편안히 잘 살고 있었다. 비류는 스스로의 어리석음을 탓하다가 그만 죽고 말았다. 비류가 죽자 미추홀에 있던 백성들은 모두 위례성으로 돌아왔고, 나라 이름도 '백제'로 바꾸었다.

거북아 거북아, 임금님을 내놓아라!

옛날 옛적, 지금의 경상도 땅에서 있었던 일이다.

아직 나라는 없고 아홉 추장이 각각 부족들을 다스리고 있었다. 어느 봄날, 사람들이 물가에 모여서 제사를 지내려고 할 때였다. 갑자기 북쪽의 구지 언덕에서 누가 부르는 소리가 들렸다. 사람들이 슬금슬금 다가갔더니 모습은 보이지 않고 목소리만 들려왔다.

"거기 누구 있느냐?"

아홉 추장들이 떨리는 목소리로 대답했다.

"저희들이 있습니다."

"내가 있는 곳이 어디냐?"

"구지 봉우리이옵니다."

그러자 목소리가 엄숙하게 말했다.

"하느님께서 내게 이곳에 나라를 세우고 왕이 되라 하셨다. 지금 당장 너희들은 봉우리의 흙을 파내면서 이렇게 노래하라."

거북아 거북아
머리를 내밀어라.
만약 내밀지 않으면
구워서 먹으리라.

"너희들이 이 노래를 부르며 춤추면 대왕을 맞아 즐거워하는 것으로 알고 나타나리라."

평소부터 훌륭한 임금을 고대하던 추장들은 모두 즐겁게 춤추며 노래했다. 잠시 후 하늘에서 보랏빛 줄이 내려왔다. 줄을 따라가 보니 뜻밖에도 붉은 보자기에 싸인 금 궤짝이 놓여 있었다. 궤짝을 열자 해처럼 둥근 황금 알 여섯 개가 나타났다.

열두 시간이 지나고, 이튿날 동틀 무렵이었다. 황금 알은 어느 새 보기에도 비범한 여섯 명의 사내아이들로 변해 있었다. 사람들은 기뻐 어쩔 줄 모르며 이들을 정성껏 모셨다. 여섯 아이들은 하루가 다르게 커서, 열흘이 지나자 벌써 어엿한 어른으로 자랐다. 키는 9척에, 얼굴은 용과 같고, 눈동자가 둘씩인 것이 중국의 순임금과 똑같았다. 한마디로 세상에 더없는 황제의 얼굴이요 영웅의 모습이니, 이들이 바로 6가야를 세웠다.

42년 3월 15일, 여섯 사람 중 맨 먼저 모습을 드러낸 수로왕이 왕위에 올랐다. 수로왕은 6가야 중 가장 큰 가야국*을 다스렸고, 나머지 다섯 사람은 각각 다섯 가야를 맡아 다스렸다. 가야국은 서남쪽에는 바다가, 그리고 서북쪽과 동북쪽에는 지리산과 가야산이 둘러 있었다.

가야국 대가락이라고도 한다.

2장
옛 사람들의 신기한 이야기

일본을 다스린 연오랑과 세오녀

신라 제8대 임금 아달라 왕이 나라를 다스릴 때 일이다. 동해의 한 바닷가 마을에는 연오랑과 세오녀라는 부부가 사이좋게 살고 있었다.

어느 날, 연오랑이 바다에 나가 미역을 따는데 갑자기 웬 바위 하나가 나타났다. 바위는 다짜고짜 연오랑을 태우더니 바다 건너 일본으로 데려갔다. 바위를 타고 온 연오랑을 보자 일본 사람들은 예사 사람이 아니라 여겨 왕으로 추대했다.

한편, 아무것도 모르는 세오녀는 밤이 깊도록 남편이 돌아오지 않자 걱정이 이만저만이 아니었다. 남편을 찾아 바닷가를 헤매던 세오녀는 어느 바위 위에 낯익은 신발이 놓여 있는 것을 발견했다. 남편 연오랑의 신발이었다.

놀랍고 반가워서 세오녀는 바위 위로 뛰어올랐다. 그 순간 바위가 스르르 움직이기 시작했다. 바위는 다시 바다 건너 일본으로 흘러갔다.

바위가 여자를 싣고 오자, 일본 사람들은 왕이 된 연오랑에게 이 사실을 아뢰었다. 그리하여 연오랑과 세오녀는 다시 만나 함께 나라를 다스렸다.

그런데 연오랑과 세오녀가 일본으로 떠난 뒤, 신라에서는 이상한 일이 일어났다. 하늘의 해와 달이 갑자기 빛을 잃어 온 나라가 캄캄한 어둠에 잠긴 것이다. 아달라 왕은 점성관을 불러 까닭을 물었다.

"우리 나라에 있던 해와 달의 정기가 일본으로 가는 바람에 이런 괴변이 일어난 것이옵니다."

왕은 일본으로 사신을 보내 두 사람에게 돌아와 달라고 청하였다. 연오랑

은 하늘의 뜻으로 왔으니 돌아갈 수는 없다고 난처한 빛을 보였다. 대신 그는 아름다운 비단을 내놓았다.

"왕비가 새로 짠 가는 비단이니 이것을 가져가 하늘에 제사 지내도록 하오."

그 말대로 신라에서 제사를 지냈더니 과연 해와 달이 전처럼 빛을 내기 시작했다. 이리하여 비단을 임금의 곳간에 소중히 간직하고 국보로 삼았다.

김제상, 나는 신라의 신하다

신라가 아직 힘이 약하던 제17대 내물왕 때의 일이다. 왜국에서 화친*을 하자며, 그 징표로 왕자 한 명을 보내라고 하였다. 내물왕은 고민하다가 열 살 난 넷째 미해왕자를 보냈다. 하지만 왜왕은 미해왕자를 잡아 놓고 몇 십 년이 지나도록 돌려보내지 않았다. 결국 내물왕은 미해왕자를 다시 보지 못한 채 슬픔 속에서 세상을 뜨고 말았다.

화친 나라와 나라가 우호적으로 평화롭게 지내는 것을 뜻함.

뒤를 이어*왕위에 오른 눌지왕은 내물왕의 맏아들로 미해왕자의 형이기도 했다. 눌지왕은 여전히 미약한 신라를 강성하게 만들기 위해 애썼지만 아직은 역부족이었다. 특히 광개토대왕에 이어 장수왕이 다스리던 고구려는 커다란 위협이었다.

그러던 차에 눌지왕이 즉위한 지 3년째 되던 419년, 장수왕이 사신을 보내왔다.

"저희 임금께서 대왕의 동생이신 보해왕자를 만나고 싶어 하십니다. 이번 기회에 고구려와 신라가 손잡고 친하게 지내면 얼마나 좋겠습니까?"

안 그래도 고구려와 화친을 꾀하던 눌지왕은 잘 되었다 싶어 동생 보해를 고구려로 보냈다. 하지만 장수왕도 보해왕자를 붙잡고 돌려보내지 않았다.

세월이 흘러 눌지왕이 왕위에 오른 지도 10년이 되었다. 어느 날, 왕은 나랏일에 애쓰는 여러 신하들을 위로하기 위해 잔치를 베풀었다. 그런데 술 석 잔을 마신 눌지왕이 갑자기 눈물을 흘리며 말했다.

"돌아가신 부왕께선 사랑하는 아들을 왜국에 보냈다가 다시 만나지도 못하고 돌아가셨다. 나 또한 동생을 사절로 보냈다가 아직까지 소식을 모르니, 몸은 궁궐에 편히 있어도 마음은 늘 가시 방석이라. 두 동생을 다시 만날 수만 있다면 여한이 없으리니, 이 일을 맡아 할 사람이 없겠는가?"

내물왕에 이어 동생 실성왕이 어린 조카들을 억누르고 즉위했다. 하지만 실성왕의 처사에 반발하는 신하들의 성화에 못 이겨 결국 큰조카인 눌지왕에게 왕위를 넘겨주었다.

그러자 모든 신하들이 한 목소리로 김제상*을 추천했다. 왕은 제상을 불러 할 수 있겠느냐 물었다. 제상은 공손히 절하고 아뢰었다.

"어렵고 쉬움을 가려서 행동한다면 충성되지 못한 것이고, 죽고 사는 것을 따져서 움직인다면 용기가 없는 것입니다. 제가 비록 부족하지만 명을 받들어 행하겠나이다."

왕은 매우 기뻐하며 술잔을 내려 격려했다. 궁궐을 나선 제상은 곧바로 고구려로 향했다.

고구려에 도착한 제상은 변장을 하고 몰래 보해왕자를 찾았다. 뜻밖에 고국의 신하를 만난 보해는 반가와 어쩔 줄 몰라 했다. 둘은 5월 15일을 정해 탈출하기로 계획했다. 약속한 날, 제상은 포구에 배를 대고 기다렸고, 보해는 아프다며 두문불출하다가 감시가 소홀해진 틈에 바닷가로 달려갔다.

뒤늦게 사실을 안 장수왕이 군사를 풀어 쫓았지만, 평소 마음씨 착한 보해를 동정하던 군사들은 활촉을 빼 버리고 활을 쏘며 탈출을 도왔다. 이리하여 제상과 보해는 무사히 신라에 돌아왔다.

10년 만에 동생을 만난 눌지왕의 기쁨은 이루 말할 수 없었다. 하지만 그럴수록 30년 넘게 왜국에 잡혀 있는 아우 미해에 대한 그리움은 더욱 간절해졌다. 이를 안 제상은 누구에게도 알리지 않고 그대로 길을 떠났다. 제상이 돌아왔다는 소식에 집에선 식구들이 잔칫상을 차리고 제상을 기다리고

김제상 《삼국사기》 등에서 박제상으로 전한다.

있었다. 하지만 사람은 오지 않고 제상이 이미 율포(지금의 경남 울산) 바닷가로 떠났다는 놀라운 소식만이 전해졌다. 제상의 부인은 정신없이 율포로 쫓아갔지만 남편이 탄 배는 이미 바다 위를 떠가고 있었다.

한편, 왜국에 도착한 제상은 거짓말로 왜왕의 신임을 얻었다.

"신라의 왕이 아무 죄도 없는 저의 아비와 형을 죽였기에 이렇게 도망쳐 왔습니다. 부디 저를 받아 주소서."

왜왕은 집을 내주고 편히 살게 했다. 제상은 미해왕자와 함께 낚시질과 사냥으로 소일하며 기회를 엿보았다. 하지만 잡은 고기와 새를 번번이 왜왕에게 바치니 왜왕은 흐뭇해하며 조금도 의심하지 않았다.

새벽 안개가 자욱한 어느 날, 제상은 미해왕자에게 탈출할 때가 왔다고 말했다.

"그럼, 공도 어서 준비를 하시오."

"아니 되옵니다. 제가 함께 가면 왜인들이 금방 눈치챌 것이니, 저는 여기 남아 저들의 추격을 막겠습니다."

미해왕자는 눈물을 흘리며 제상과 작별하고 서둘러 길을 떠났다. 이윽고 날이 밝자 시종들이 미해왕자의 처소로 들어가려 했다. 제상은 왕자가 고단해서 아직 자고 있다며 시간을 끌었다. 한낮을 훌쩍 넘기도록 왕자가 나오지 않자 시종들은 수상한 생각이 들었다. 그제야 제상은 웃으면서 "왕자님은 이미 떠나신 지 오래다." 하였다.

화가 치민 왜왕은 제상을 끌어다 놓고 문초했다.

"왜 이런 짓을 했느냐?"

"나는 신라의 신하로서 임금의 뜻을 이루고자 했을 뿐이다."

"너는 이미 내 신하가 되었는데 무슨 망발이냐? 신라의 신하라 하면 벌줄 것이며, 왜국의 신하라 하면 높은 벼슬을 내릴 것이다."

"신라의 개, 돼지가 될지언정 왜국의 신하가 될 마음은 없다."

분기탱천한 왜왕은 제상의 발바닥 가죽을 벗기고, 그것도 모자라 뜨겁게 달군 쇠 위에 올라서게 하는 등, 온갖 고문을 가했다. 그러나 살이 찢기고 타들어가는 고통 속에서도 제상은 뜻을 굽히지 않았다.

"나는 신라의 신하다."

결국 제상은 화형을 당하고 말았다.

한편, 미해왕자는 무사히 신라에 도착했다. 왕은 크게 기뻐하며, 제상의 아내에겐 '국대부인'이란 작위를 내리고 그의 딸은 미해의 부인으로 삼았다. 하지만 남편을 잃은 부인에겐 모든 것이 부질없을 뿐이었다. 세월이 흘러도 남편을 잊지 못한 부인은 그대로 망부석*이 되었다고 한다.

울릉도를 정벌하다

신라 제22대 지증왕이 이룬 업적이라면, 단연 울릉도 정벌을 첫손에 꼽을 수 있다.

망부석 아내가 멀리 간 남편을 기다리다가 굳어서 돌이 되었다는 전설의 돌.

이때 하슬라(지금의 강릉) 앞바다에는, 뱃길로 이틀쯤 걸리는 곳에 '우릉도'(울릉도)가 있었다. 섬에는 오랑캐들이 살고 있었는데, 섬 주변의 파도가 심해서 외부에서는 쉽게 접근할 수 없었다. 오랑캐들은 이 점을 믿고 날로 교만해졌다.

지증왕은 큰 골칫거리가 되기 전에 손을 쓰기로 마음먹었다. 그리하여 이찬 박이종*에게 군사를 주고 토벌하라 명했다.

명을 받은 박이종은 고민에 고민을 거듭했다. 섬 오랑캐들은 바다에 익숙하니 신라군이 바다에서 싸워서는 승산이 없었다. 박이종은 궁리 끝에 꾀를 냈다. 그는 솜씨 좋은 목공에게 커다란 나무로 허수아비 사자를 깎게 했다. 그러곤 큰 배에 허수아비 사자를 싣고 울릉도로 향했다.

배가 섬 가까이 다가가자 박이종이 큰 소리로 호령했다.

"네놈들이 당장 무릎을 꿇지 않으면 이 짐승을 풀어 섬을 쑥대밭으로 만들겠다."

오랑캐들이 살펴보니, 보기에도 무서운 커다란 짐승이 당장이라도 뛰어오를 듯이 노려보고 있었다. 겁에 질린 오랑캐들은 너도나도 무기를 버리고 항복했다.

지증왕은 빼어난 지혜로 울릉도를 정벌한 박이종에게 상을 내리고, 하슬라 주의 지사로 임명했다.

이찬 박이종 이찬은 신라에서 두 번째 등위의 관직 이름이다. 한편, 《삼국사기》에선 박이종 대신 성은 김이고 이름은 이사부라 했다.

선견지명을 가진 선덕여왕

632년, 최초의 여성 임금 선덕여왕이 신라 제27대 왕으로 즉위했다. 신하들도 백성들도 처음엔 여자라 하여 마뜩잖아했다. 하지만 여왕의 뛰어난 선견지명과 지혜에 감복하여 모두들 마음으로 섬기게 되었다. 다음의 세 가지 일화는 앞일을 예견하는 선덕여왕의 능력을 잘 보여 준다.

첫째 이야기.

어느 날, 당나라 태종이 모란꽃 그림과 함께 이 꽃씨 석 되를 신라에 보내왔다. 그림을 본 여왕은 "이 꽃은 향기가 없겠구나." 하고 단정하듯 말했다. 신하들은 이게 무슨 말인지, 의아할 뿐이었다.

선덕여왕은 아무 말 없이 꽃씨를 궁궐 뜰에 심으라고 하였다. 드디어 꽃이 피었다. 그런데 과연 꽃에서는 아무런 향기도 나지 않았다. 신하들은 여왕의 선견지명에 놀라 물었다.

"그림만 보고 어찌 아셨습니까?"

선덕여왕은 빙그레 웃으며 대답했다.

"향기로운 꽃에는 나비가 모이는 법이다. 그런데 그림에는 나비가 없었으니, 꽃에 향기가 없음을 말한 것이지. 당나라 임금은 이

것을 보내, 내가 결혼 안 한 여자라고 업신여긴 것이다."

둘째 이야기.

몹시 추운 겨울이었다. 그런데 영묘사라는 절 마당에 있는 옥문지라는 연못에, 난데없이 개구리 떼가 몰려와 사나흘을 내리 울어 댔다. 한겨울에 개구리가 울어 대니 불길한 징조라 하여 민심이 흉흉했다. 선덕여왕은 즉시 각간* 알천과 필탄에게 명했다.

"경들은 당장 정예 군사 2000명을 데리고 서쪽 교외에 있는 여근곡을 찾아가라. 거기에 분명 적병이 숨어 있을 터이니 기습하여 일망타진하라."

알천과 필탄은 긴가민가하며 경주 서쪽의 여근곡이라는 골짜기를 찾아갔다. 그런데 이 골짜기에 과연 백제 군사 500명이 숨어 있었다. 백제군은 양쪽에서 들이닥친 신라의 기습 공격에 속수무책으로 무너졌다. 뒤미처 백제 원군 1300명이 도착했지만, 채 전열을 정비하기도 전에 역시 신라군에게 전멸당하고 말았다.

각간 신라 최고의 관등. 이벌찬이라고도 한다.

신하들은 선덕여왕에게 어떻게 백제군의 침입을 알았는지 물었다.

"개구리가 소리를 내는 것은 군사를 상징하며, 옥문지의 옥문이란 여성을 뜻한다. 음양으로 따져 여성은 음이며 그 빛은 희니, 흰빛은 서쪽을 가리킨다. 그래서 적군이 서쪽의 여근곡에 있겠구나, 생각한 것이다."

그제야 신하들은 여왕의 지혜에 감탄하며 머리를 끄덕였다.

셋째 이야기.

선덕여왕은 자신의 죽음도 예언했다. 아주 건강할 때였는데, 하루는 신하들을 불러 놓고 말했다.

"나는 아무 해 아무 달 아무 날에 죽을 것이니, 내가 죽거든 도리천에 장사 지내도록 하라."

건강한 왕이 죽는다고 하니 신하들은 어리둥절했다. 더구나 도리천은 옥황상제가 있는 신비의 장소로 알려져 있어서 신하들은 더욱 영문을 알 수 없었다. 선덕여왕은, 도리천은 낭산의 남쪽 비탈이라고 일러 주고 말문을 닫았다.

드디어 여왕이 예언한 날이 오자, 과연 여왕은 세상을 떴다. 신하들은 놀람과 슬픔 속에서, 낭산 남쪽 비탈에 여왕을 장사 지냈다. 그 후 십여 년이 흐른 뒤, 문무왕이 선덕여왕의 능 아래 사천왕사를 지었다. 불경에 '사천왕 하늘 위에 도리천이 있다.'고 하였으니, 여왕이 예언한 대로였다.

선덕여왕은 또 돌을 다듬어 첨성대를 쌓은 것으로도 유명하다.

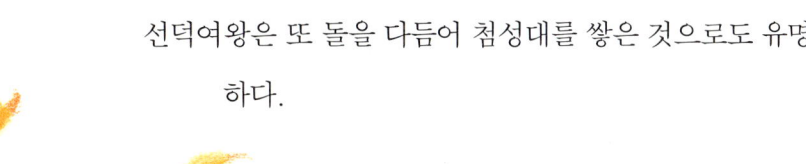

선화공주를 사랑한 서동

백제의 제 30대 임금 무왕은, 원래 마를 캐어 파는 평범한 젊은이였다. 그에겐 '장(璋)'이라는 이름이 있었지만, 사람들은 마를 판다고 해서 모두 '서동'*이라 불렀다.

홀어머니와 함께 사는 어려운 살림살이였지만, 서동은 늘 남을 먼저 생각하는 배포 큰 청년이었다. 그 때문에 가진 것 없는 서동이지만 남녀노소 누구나 그를 좋아하고 따랐다.

그러던 어느 날, 서동은 이웃 나라 신라에 아름다운 공주가 있다는 말을 듣게 되었다. 진평왕의 셋째 딸 선화공주가 바로 그 주인공이었다. 서동은 당장 신라의 서울 서라벌로 떠났다. 매일 궁궐 앞을 지키며 갖은 애를 쓴 끝에 드디어 공주의 얼굴을 볼 수 있었다.

'정말 세상에 둘도 없는 아름다운 모습이로구나! 나는 반드시 공주와 혼인하고 말겠어.'

가난한 마 장수가 한 나라의 공주를 아내로 삼겠다니, 누가 보나 터무니없는 망상이었다. 하지만 서동은 결코 포기하지 않았다.

서동은 자기의 유일한 재산인 마를 동네 아이들에게 나눠 주며 환심을 샀다. 그리고 아이들과 친해지자 슬며시 자기가 지은 노래를 가르쳐 주며 부

서동 서(薯)는 마를, 동(童)은 아이를 뜻하므로, 마를 캐는 아이라 해서 붙인 이름이다.

르게 했다.

> 선화공주님은 남 몰래 시집가서
> 밤에 몰래 서동을 안고 간대요.

노래는 순식간에 서라벌 전체로 퍼져 갔고, 마침내 임금님의 귀에까지 들어갔다. 진평왕은 착한 딸을 믿었지만 빗발치는 신하들의 항의를 막을 수는 없었다.

"아니 땐 굴뚝에 연기 날 리 없습니다. 공주님의 행실이 바르다면 어찌 이런 망측한 노래가 유행하겠나이까?"

"맞습니다. 왕실의 얼굴에 먹칠을 한 공주님을 귀양 보내야 합니다."

결국 선화공주는 억울한 누명을 쓰고 귀양살이를 하게 되었다. 불쌍한 딸을 위해 어머니는 황금 한 말을 싸 주었다.

"어려운 일이 있거든 이 황금을 쓰거라. 흑흑!"

"어마마마, 부디 건강하시어요."

대궐을 나선 공주가 쓸쓸히 유배지로 가고 있을 때였다. 갑자기 한 청년이 나타나더니 공주님을 모시겠다며 말고삐를 잡았다. 믿음직스러운 모습에 선화공주는 선선히 고삐를 내주었다. 그가 자신을 곤경에 빠뜨린 장본인인 줄 꿈에도 몰랐던 공주는, 청년과 이런저런 이야기를 나누며 조금씩 슬픔을 잊었다.

그리고 어느새 공주는 청년을 사랑하게 되었다. 공주는 청년과 장래를 약속했고, 그제서야 청년의 이름이 서동이란 것을 알았다.

"정말 신기하네요. 당신의 이름이 노랫말처럼 서동이라니!"

뜻을 이룬 서동은 선화공주를 데리고 고향 백제로 돌아왔다. 공주는 가난한 살림살이를 보고 어머니가 싸 준 황금을 내놓았다. 그런데 서동은 금덩어리를 보더니 크게 웃음을 터뜨렸다.

"왜 그러셔요? 어머니께서 주신 이 황금만 있으면 아무 걱정 없이 살 수 있는데요."

서동은 고개를 갸웃거리며 말했다.

"내가 마를 캐는 곳에는 이런 것이 사방에 널려 있소. 그런 것이 귀한 물건이라니, 믿을 수 없군."

선화공주는 깜짝 놀랐다.

"정말 금이 그렇게 많다면, 금을 모아서 저희 부모님이 계신 대궐에 보내 드리면 좋겠어요. 그럼 부모님도 제 걱정을 덜고 좋아하실 테니까요."

"그럽시다. 내가 당장 금을 가져오리다."

서동은 삽시간에 산더미같이 금을 모아왔다. 이제는 금을 신라까지 무사히 보낼 일이 걱정이었다.

서동과 선화공주는 신통력이 뛰어난 용화산(지금의 익산 미륵산) 사자사의 지명법사를 찾아갔다. 이야기를 들은 지명법사는 신통력을 써서 하룻밤 사이에 금을 신라 궁궐로 옮겨 놓았다.

신라의 왕궁이 발칵 뒤집힌 것은 말할 것도 없다. 진평왕은 선화공주의 편지를 읽고 자초지종을 알게 되었다. 그리고 서동과 지명법사의 넓은 마음과 지혜에 매우 감탄하였다.

이 일로 서동의 이름은 백제와 신라에 널리 퍼졌고 마침내 사람들의 인심을 얻어 왕위에 오르니, 그가 바로 무왕이다. 무왕은 일본에 천문 역법과 불교를 전해 주었으며, 사비성을 수리하고 왕흥사를 지었다.

임금님 귀는 당나귀 귀

신라 제48대 경문왕은 원래 이름이 응렴으로, 왕족이 아니었다. 18세 때 화랑의 국선*이 되었는데, 어느 날 헌안왕이 궁중으로 불러 잔치를 열어 주었다. 왕은 응렴에게 국선으로 보고 들은 것을 얘기해 보라 하였다.

"저는 행실이 아름다운 세 사람을 보았습니다. 첫째는, 남의 위에 있을 만하면서도 겸손하여 아랫자리에 앉는 사람입니다. 둘째는, 큰 부자이면서도 검소한 차림을 하는 사람입니다. 그리고 셋째는 지위와 권력을 가지고도 위세를 부리지 않는 사람입니다. 이 세 사람에게서 많은 것을 배웠습니다."

헌완왕은 크게 감동하여 응렴에게 자신의 두 딸 중 하나를 주겠다고 하였다. 응렴은 어여쁜 둘째 공주 대신 용모가 떨어지는 첫째 공주를 택했다. 헌완왕은 더욱 감동하였다.

석 달이 지나 헌완왕은 병으로 세상을 뜨고, 유언에 따라 응렴이 왕위에 올랐다. 그가 바로 경문왕이다.

그런데 왕이 된 후부터 이상하게도 귀가 커지기 시작해서, 나중에는 당나귀 귀처럼 되었다. 경문왕은 이 사실을 왕비에게도 철저히 숨겼다. 아는 사람은 오직 왕의 머리를 다듬는 이발사뿐이었다.

국선 신라는 청소년 단체인 화랑도를 두어 인격을 수양하고 인재를 양성하였다. 국선은 화랑도의 총지도자이다.

이발사는 목숨을 걸고 비밀을 지켰다. 하지만 하루 이틀도 아니고 평생을 숨기자니 답답해서 미칠 지경이었다. 죽을 때가 가까워 오자 한 번만이라도 비밀을 털어놓고 싶은 마음이 더욱 간절해졌다. 마침내 그는 도림사*(경북 월성군에 있던 절) 옆 대나무 숲을 찾아가서 큰 소리로 외쳤다.

"임금님 귀는 당나귀 귀! 임금님 귀는 당나귀 귀!"

그때부터 바람만 불면 도림사 옆 대나무 숲에서는 "임금님 귀는 당나귀 귀!"라는 소리가 들려왔다. 경문왕은 화가 나서 대나무들을 모조리 베고 대신 산수유를 심게 했다. 그 후로는 바람이 불 때마다 이런 소리가 들렸다.

"임금님 귀는 길기도 하다."

귀신도 감동한 처용

신라는 제49대 헌강왕 때 이르러 최고의 영화를 누렸다. 수도인 서라벌에는 초가집이 한 채도 없었고, 늘 음악 소리가 들릴 만큼 평화롭고 풍요로웠다. 나라가 태평하니 임금도 경치 좋은 곳을 유람하며 소일하기 일쑤였다.

그날도 개운포(지금의 울산) 바닷가로 놀러 갔다 돌아오는 길이었다. 잠시 물가에서 쉬는데 갑자기 하늘이 구름과 안개로 뒤덮여 사방이 컴컴해졌다. 천문을 살피는 일관이 아뢰었다.

"동해의 용이 조화를 부려 일어난 일입니다. 왕께서 용을 위해 좋은 일을 베푸시옵소서."

"그래? 여봐라, 용을 위해 이곳에 절을 지으라!"

과연 명이 떨어지자마자 순식간에 구름과 안개가 걷혔다. 이때부터 그곳을 구름이 걷힌 포구라는 뜻의 개운포라고 부르게 되었다.

한편, 동해의 용은 절을 짓는다는 말에 기뻐서 일곱 아들을 데리고 나와 춤을 추며 헌강왕을 칭송했다. 그리고 아들 하나를 보내 왕을 보필토록 했다. 이 아들이 바로 유명한 처용이다. 홍덕왕은 처용에게 벼슬을 내리고 아름다운 처녀도 짝지어 주었다. 또 처용을 위해 영취산 기슭에 망해사라는 절을 지었다.

그런데 처용의 아내가 어찌나 예뻤는지, 역신*마저 그녀에게 반하고 말았다. 역신은 사람으로 변해서 처용의 아내를 꾀어냈다.

밤이 깊어 집에 온 처용은 깜짝 놀랐다. 아내가 웬 낯선 사내와 함께 있었던 것이다. 기가 막히고 분한 일이었지만 처용은 오히려 춤을 추며 노래했다.

역신 옛사람들이 전염병을 옮긴다고 믿었던 신.

동경 달 밝은 밤에 밤 깊도록 노닐다가
들어와 자리 보니 가랑이가 넷이로다.
둘은 내 것이지만 둘은 뉘 것인고?
본디 내 것이지만 달아남을 어이할꼬.

역신은 처용의 넓은 도량에 감탄하여 무릎을 꿇었다.

"제가 공의 부인을 사모하다가 오늘 밤 죄를 지었습니다. 그런데도 공은 성난 빛이 없으시니 감복할 뿐입니다. 이제부터는 공의 얼굴 그림만 봐도 그 집엔 들어가지 않겠습니다."

그때부터 민간에서는 처용의 얼굴을 대문에 그려 붙여서 귀신을 쫓고 복을 비는 풍속이 생겼다.*

처용 풍속 지금도 울산에서는 매년 10월이면 처용축제를 열고, 처용설화를 기념한 다양한 행사를 벌이고 있다.

3장
신라가 삼국을 통일하다

통일의 선봉장 김유신

"이 아이를 좀 보시오, 등에 별이 새겨져 있구려!"

이제 막 태어난 아이를 사람들은 신기하게 바라보았다. 아기의 등에 북두칠성처럼 일곱 개 별 무늬가 선명했다. 각간 서현은 갓 태어난 첫아들을 소중하게 어루만졌다. 595년의 일이었다.

'보통 아이가 아니다. 잘 키워야지.'

이 아이가 바로 훗날 삼국 통일의 주역이 된 김유신이다.

유신은 뛰어난 검술 실력으로, 열여덟 살에 벌써 화랑의 지휘관인 국선이 되었다. 유신은 진평왕의 외손자인 김춘추와 매우 절친한 사이였다. 후에 김춘추는 유신의 여동생 문희와 결혼하였는데, 이렇게 된 데는 김유신의 꾀가 큰 몫을 했다.

　어느 날 김유신의 누나 보희가 서라벌을 온통 오줌 바다로 만드는 꿈을 꾸었다. 이튿날 동생 문희에게 꿈 이야기를 했더니, 문희는 비단치마를 줄 테니 꿈을 팔라고 졸랐다. 보희는 우스웠지만 그저 동생이 하자는 대로 꿈을 팔았다.

　그리고 열흘쯤 지난 정월 보름날의 일이었다. 집에 놀러온 김춘추와 공차기를 하던 유신은 일부러 김춘추의 옷을 밟아 옷고름을 떨어뜨렸다. 유신은 옷을 꿰매 주겠다며 춘추를 누이들에게 데리고 갔다. 두 누이 중 하나와 앞날이 창창한 김춘추를 맺어 주려는 속셈이었다.

옷고름을 달아 주라는 유신의 부탁을 누나 보희는 거절했지만, 동생 문희는 선뜻 나서서 꿰매 주었다. 이것이 인연이 되어 김춘추와 문희는 사랑하는 사이가 되었다.

얼마 후 김유신은 문희가 춘추의 아이를 가진 것을 알았다. 유신은 일부러 큰 소리로 떠들며 화를 내었다.

"네가 집안의 명예를 떨어뜨렸으니 마땅히 태워 죽이리라."

소문은 삽시간에 퍼져나갔다. 이 무렵 선덕여왕이 대궐을 나와 남산에 행차하였다. 유신은 이 사실을 알고 일부러 날을 잡아 마당에 장작을 쌓아 놓고 불을 질렀다. 남산에 올라간 여왕은 연기가 피어오르는 것을 보고 물었다.

"김유신이 시집도 안 간 누이동생이 임신을 했다고 태워 죽이려나 봅니다."

"뭐라! 그게 누구의 소행이라더냐?"

마침 옆에 있던 김춘추가 이 말을 듣고 안색이 바뀌자 여왕은 금방 눈치를 챘다.

"바로 너로구나! 그런데 어찌 달려가서 구하지 않고 꾸물대느냐?"

김춘추는 황급히 달려가 문희를 구했다. 그리고 얼마 후 두 사람은 결혼식을 올렸다.

선덕여왕을 이은 진덕여왕이 후계자 없이 죽자 김춘추가 왕위를 계승하였다. 김유신과 함께 삼국 통일에 공을 세운 태종대왕이 바로 김춘추이다. 또한 문희는 언니에게서 꿈을 산 덕에 왕비가 되어 여섯 왕자를 낳았다.

충신을 외면한 의자왕, 쓸쓸한 최후를 맞다

백제의 마지막 임금 의자왕은 무왕의 맏아들로, 용감하고 효성스러워 칭송이 자자했다. 하지만 641년 왕위에 오른 뒤부터는 술 먹고 노는 데 빠져 나라를 돌보지 않았다. 충신 성충이 왕의 잘못을 지적하자 왕은 그를 옥에 가둬 버렸다. 감옥살이에 지쳐 병이 든 성충은 죽기 전 마지막 충언을 올렸다.

"충신은 죽어도 임금을 잊지 못한다고 합니다. 왕께서는 제가 마지막으로 드리는 말씀을 부디 저버리지 말아 주소서. 머지않아 전쟁이 일어날 것이옵니다. 적이 쳐들어오면 육로로는 탄현을 넘지 못하게 하고, 물길로는 기벌포*로 들어오지 못하게 하소서. 또한 반드시 험한 요새지에 진을 치고 막아야 합니다."

하지만 의자왕은 성충의 유언에도 정신을 차리지 못했다.

백제가 망하기 전 나라 곳곳에서 괴이한 일들이 이어졌다. 사비수* 강둑

기벌포 금강 하구에 해당하며, 사비성을 지키는 관문이었다.

에 길이가 세 길*이나 되는 큰 고기가 나와 죽었는데, 이 고기를 먹은 사람들은 모두 죽었다. 또 도읍의 우물물과 사비수가 모조리 핏빛으로 물드는가 하면, 왕개구리 수만 마리가 나무 위로 몰려드는 변이 일어났다.

　신라의 태종은 백제에서 이상한 일이 일어난다는 얘기를 듣고, 드디어 때가 왔구나 생각했다.

　마침내 660년, 김유신이 이끄는 신라군은 소정방을 사령관으로 한 당나라군과 함께 백제 공격에 나섰다.

　의자왕은 대신들을 불러 모으고, 어디서 어떻게 싸울지 물었다. 신라군과 먼저 싸우자, 당군과 먼저 싸우자, 의견이 분분했다. 의자왕은 답답한 나머지 귀양 간 좌평 흥수에게 의견을 물었다. 흥수 역시 성충처럼 곧은 말을 하다가 내쫓긴 터였다. 흥수도 성충과 똑같은 말을 하였다. 하지만 대신들은 흥수의 말을 듣지 말라고 아우성이었다.

　"흥수는 자신을 쫓아 냈다고 임금을 원망하고 있습니다. 그런 자의 말을 듣다니요! 당군은 백마강에서 막고, 신라군은 탄현을 지날 때 공격하면 됩니다."

　의자왕은 이번에도 충신의 말을 듣지 않았다. 이렇게 시간을 끄는 사이, 나당 연합군은 백마강과 탄현을 지나 수도를 위협하기에 이르렀다.

　의자왕은 계백장군에게 결사대 5천 명을 이끌고 나가 신라군을 막으라

사비수 지금의 금강 하류 백마강을 가리킨다.
길 길이를 재는 단위. 사람의 키를 기준으로 했는데, 대략 한 길은 8~10척에 해당하며 1척은 약 30.3cm다.

명했다. 계백은 황산벌에서 신라군을 맞아 목숨을 걸고 싸웠다. 백제군은 네 차례 전투를 계속 승리로 이끌었지만, 그것이 끝이었다. 지칠 대로 지친 백제군은 결국 열 배가 넘는 신라군의 대공세에 무릎을 꿇고 말았다. 용장 계백도 부하들과 함께 싸우다 전사하였다.

    나당 연합군은 거침없는 기세로 사비성을 위협하였다. 만 명이 넘는 백제군이 성을 지키다 목숨을 잃었다. 의자왕은 태자 융을 데리고 북쪽의 웅진성으로 달아났다. 사비성에 남은 둘째 아들 태는 스스로 왕을 칭하며 백성들과 함께 성을 지켰다. 하지만 융의 아들은 삼촌이 마음대로 왕이 되었

다고 비판하며 무리를 이끌고 성 밖으로 나왔다. 이리하여 사비성은 내분이 일어나 무너지고 말았다. 사비성이 함락되자 의자왕과 태자 융도 항복하였다.

  소정방은 의자왕을 비롯해 백제의 대신과 백성들을 포로로 삼아 당나라로 보냈다. 의자왕은 결국 머나먼 타국땅에서 병들어 죽고 말았다.

삼국 통일을 완수한 문무왕

661년 신라의 태종무열왕이 죽고 맏아들 문무왕이 뒤를 이었다. 문무왕은 삼국 통일이라는 아버지의 뜻을 잇기 위해 고구려 정벌에 온 힘을 쏟았다.

668년 문무왕은 동생 김인문, 김흠순 등과 함께 고구려 정벌에 나섰다. 당나라의 고종 임금도 대군을 보내 합세했다. 신라와 당나라 연합군은 평양성을 공격해 마침내 고구려를 멸망시키고 삼국을 통일했다. 이때 당나라 장수 이적은 고구려의 마지막 임금 보장왕을 사로잡아 본국으로 보냈다.

그런데 당나라 군대는 삼국 통일이 이루어진 뒤에도 본국으로 돌아갈 생각을 하지 않았다. 이참에 신라마저 쳐서 한반도를 몽땅 차지하려는 속셈이었다. 문무왕은 이를 알아채고 군사를 동원해 단단히 방비했다. 당의 고종은 당나라에 가 있던 김인문에게 욕을 퍼부었다.

"너희가 우리 군사를 청해 고구려를 토벌하고서, 이제 와서 우리를 해치려 하다니! 그냥 두지 않겠다."

고종은 김인문을 옥에 가두고, 설방을 대장으로 삼아 50만 대군을 일으켰다.

한편, 이 무렵 당나라에는 의상법사가 유학 와 있었다. 의상법사가 김인문을 면회 가자 인문은 당이 곧 신라를 칠 것이라고 일러 주었다. 의상은 서둘러 귀국하여 문무왕에게 사실을 알렸다.

문무왕은 용궁에서 비법을 받았다는 명랑법사에게 도움을 청했다. 명랑은 비단으로 사천왕사를 짓고 비법을 행했다. 비법이 통했는지, 마침 바다를 건너던 당나라 군함은 갑작스런 풍랑에 모두 뒤집혀 침몰하고 말았다. 그 후에도 당나라는 침략을 시도했지만 역시 배만 잃고 실패했다.

삼국 통일을 완수한 문무왕은 681년에 세상을 떠났다. 왕은 죽으면 용이 되어 바다를 지키겠다며, 동해 바다에 장사지내라고 유언했다. 문무왕이 돌아가자 유언에 따라 바다 한가운데 커다란 바위에 장사지냈다.*

나라를 지키는 마술피리, 만파식적

문무왕이 죽은 후, 아들 신문왕이 뒤를 이었다. 신문왕은 왕위에 오르자마자 동해 바닷가에 감은사*라는 절을 세웠다. 전하기로는, 이 절의 금당 섬돌 아래 동쪽으로 구멍 하나가 있었는데, 동해의 용이 된 문무왕을 절로 들어오게 하기 위한 것이라 한다.

이듬해인 682년 5월 1일, 해안을 감독하는 관리가 대궐에 알려 왔다.

"동해 한가운데 조그만 산이 생기더니 물결을 따라 감은사를 왔다갔다합니다."

신문왕은 천문관에게 점을 치게 하였다.

"일찍이 김유신 장군께선 하늘의 33인 중 한 분으로 세상에 내려와 신라

문무왕의 무덤 경주 감포 앞바다의 대왕암이 바로 이곳이다.
감은사 현재는 경주 용당리에 절터가 남아 있으며, 2기의 커다란 3층 석탑이 있다.

의 대신이 되었습니다. 또한 선왕께선 바다의 용이 되어 삼한을 보호하고 있습니다. 지금 두 분께서 나라를 지킬 보물을 주시려 하니 바닷가로 가 보시지요."

　7일 날, 신문왕은 이견대*로 나가 바다에 떠 있는 섬을 살펴보았다. 거북이 머리처럼 생긴 섬 위에는 대나무 한 그루가 서 있었다. 그런데 신기하게도 낮에 둘로 갈라졌던 대나무가 밤이 되자 하나로 합해졌다.

　그리고 이튿날 낮 12시. 갑자기 떨어졌던 대나무가 하나로 합치더니, 하늘과 땅이 울리며 비바람이 일고 사방이 컴컴해졌다. 폭풍은 일주일이나 계속되었다. 16일이 되어서야 날이 개고 물결이 잔잔해졌다. 왕은 배를 타고 섬으로 갔다. 왕이 도착하자 갑자기 용 한 마리가 나타나 검정색 옥띠를 바쳤다. 왕이 물었다.

　"왜 대나무가 갈라졌다 합쳐졌다 하는 것이냐?"

　"손바닥도 부딪쳐야 소리가 나듯이, 대나무도 합쳐져야 소리가 납니다. 왕께서

이견대　경주 감포읍에 있다. 신문왕이 아버지의 묘를 바라보기 위해 지었다고 하는데, 지금 있는 누각은 1970년에 새로 지은 것이다.

이 대나무로 피리를 만드시면 천하가 화평해질 것입니다. 이는 바다의 용이 되신 선왕과 하늘의 신이 되신 김유신 장군이 마음을 모아 내리신 보물이옵니다."

신문왕은 매우 기뻐하며 오색 비단과 금과 옥으로 보답하였다. 왕 일행이 대나무를 베어 나올 때 섬과 용은 갑자기 사라져서 다시는 나타나지 않았다.

궁궐로 돌아온 왕은 이 대나무로 피리를 만들어 월성의 천존고에 잘 보관하였다.

그 후로 이 피리를 불면 적군이 물러가고 병이 나았으며, 가뭄에는 비가 내렸다. 또 바람을 가라앉히고 파도를 잠재웠기에, '거센 물결을 잠재우는 피리'라는 뜻으로 '만파식적(萬波息笛)'이라 칭했다.

장보고를 배신한 신무왕

제42대 흥덕왕이 후계자 없이 죽은 뒤, 신라 왕실은 왕위 다툼으로 바람 잘 날이 없었다. 삼촌을 죽이고 제43대 임금으로 즉위한 희강왕은 2년 만에 측근의 배반으로 자살하고, 뒤이어 김명이 제44대 민애왕이 되었다. 하지만 민애왕에게는 적이 많았다. 특히 왕권 싸움에서 민애왕의 손에 아버지를 잃은 김우징(신무왕)은 늘 복수의 칼을 갈고 있었다.

어느 날 당대의 협객 장보고를 알게 된 우징은, 야심만만한 장보고를 자기 일에 끌어들이려 했다.

"내게는 철천지원수가 있다. 만일 그대가 나를 위해 그자를 없애 준다면 그대의 딸을 왕비로 맞겠노라."

장보고는 왕의 장인이 된다는 말에 솔깃해서, 민애왕을 없애는 데 힘을 합하기로 약속했다. 드디어 우징과 장보고는 함께 군사를 일으켜 민애왕을 죽이고 왕위를 빼앗았다. 왕위에 오른 신무왕은 약속대로 장보고의 딸을 왕비로 삼으려 했다. 그러나 조정 신하들이 가만 있지 않았다.

"장보고는 미천한 자인데 그런 자의 딸을 왕비로 삼는다니! 절대 안 됩니다."

신무왕은 신하들의 반대를 무릅쓰면서까지 장보고와의 약속을 지킬 생각은 없었다. 청해진*에 진을 치고 있던 장보고는 화가 났다.

"철석같이 약속을 하고는 왕이 되더니 모른 척을 해! 내가 가만두지 않겠다."

장보고가 난을 일으키려 한다는 소식에, 장군 염장은 자신이 장보고를 없애겠다고 나섰다. 왕의 허락을 받은 염장은 곧바로 청해진으로 갔다. 염장은 임금의 미움을 받아 목숨이 위태롭다며, 장보고의 도움을 청했다. 처음엔 믿지 않던 장보고도 거듭되는 염장의 말에 결국 속고 말았다.

장보고는 염장을 위해 술상을 차리게 했다. 술이 여러 잔 오가고 흥이 올랐을 때, 갑자기 염장이 장보고의 칼을 집어 목을 베었다. 장보고는 마음을 턱하니 놓고 있다가 부지불식간에 변을 당하고 말았다. 뜻밖의 변에 자리에 있던 부하들은 벌벌 떨며 엎드렸다.

염장은 그들을 데리고 서울로 돌아왔다. 장보고를 처치했다는 말에 신무왕은 크게 기뻐하며, 염장에게 '아간' 이란 높은 벼슬을 내렸다.

청해진 오늘날의 전라남도 완도. 이곳에는 1만 명이 식수로 사용했다는 우물이며 토성 같은 유적이 남아 있다.

4장
삼국 시대, 그 후의 이야기

견훤과 왕건, 세력을 겨루다

삼국을 통일한 신라는 한동안 번영을 누렸다. 하지만 태평성대가 계속되면서 왕실과 귀족은 사치를 일삼으며 나랏일을 돌보지 않았다. 자연히 백성들의 살림살이는 갈수록 힘겨워졌다. 이 무렵 상주 가은현 출신의 견훤이 세력을 모아 무진주(지금의 전라남도 광주 지방)를 손에 넣었다.

견훤은 지렁이의 아들이네, 호랑이의 젖을 먹고 자랐네 하는 소문이 돌 만큼, 기골이 장대하고 생김새가 특이하여 보통 사람과는 달랐다. 군인이 된 다음에는 병사들의 신임을 한 몸에 받아 금세 세력을 키웠다. 무진주와 완산주(지금의 전라북도 전주 지방)를 손에 넣은 견훤은 900년, 마침내 후백제를 세우고 스스로 왕위에 올랐다.

한편, 북쪽 철원 지역에서는 궁예가 나라를 세우고 세력을 떨쳤다. 궁예는 원래 신라의 왕자였다. 하지만 왕실에서 내쫓기다시피한 뒤 신라에 원한을 품고 반기를 들었다. 한때 궁예의 세력은 신라를 위협할 만큼 컸다. 하지만 918년, 궁예에게 불만을 품은 부하들은 궁예를 내쫓고 왕건을 왕으로 추대하였다.

견훤과 왕건은 서로의 사위와 동생을 인질로 교환하고 화친을 유지하면서도, 틈만 나면 군사를 일으켜 서로를 공격했다.

927년, 견훤은 불시에 신라의 서울, 경주를 공격했다. 신라의 경애왕은 포석정에서 놀다가 잡히고 말았다. 견훤은 경애왕을 협박해서 스스로 목숨을 끊게 했다. 그리고 경애왕의 친척 동생 김부를 왕으로 세우니, 신라의 마지막 임금 경순왕이었다. 뒤늦게 소식을 들은 왕건은 군사를 이끌고 신라 구원에 나섰다. 하지만 오히려 장군 김낙과 신숭겸을 잃고 대패하였다.

그 후로 한동안 견훤의 후백제는 승승장구하며 세력을 떨쳤다.

신라, 천 년의 역사가 끝나다

경순왕이 나라를 다스린 지 9년째(935년). 나라 안엔 도적 떼가 들끓고 국토는 갈가리 찢겨, 더 이상 제 힘으로 나라를 지킬 수 없을 정도였다. 경순왕은 신하들을 모두 불러 모은 자리에서 말하였다.

"내가 덕이 없어 갈수록 나라가 쇠약해지고 있소. 그리하여 백성의 고통

을 덜어 주기 위해 왕건에게 나라를 넘겨 주려 하오."

태자가 울분에 찬 목소리로 말했다.

"지금이라도 신하들과 힘을 합쳐 나라를 살리기 위해 애쓴 다음 그래도 안 되면 그때 그만 둘 일입니다. 천 년을 이어 온 나라를 어찌 이리도 가볍게 남에게 준단 말입니까?"

"태자의 말이 옳다. 허나 어설프게 싸우다 죄 없는 백성만 죽이는 일은 차마 못할 짓이다. 즉시 내 뜻을 왕건에게 전하도록 하라."

경순왕은 왕건에게 국서를 보내 항복을 청하였다. 태자는 통곡하며 그대로 개골산*으로 들어갔다. 태자는 그곳에서 삼베옷에 풀을 뜯어먹으며 일생을 마쳤다. 세상에서는 그가 거친 삼베옷을 입었다 해서 '마의태자(麻衣太子)'라 불렀다. 경순왕의 막내아들도 나라가 망하자 머리를 깎고 승려가 되었다.

왕건은 항복한 경순왕에게 자신의 맏딸 낙랑공주를 주어 아내로 삼게 하고, 정승 벼슬을 내렸다. 또한 신라를 경주로 고쳐서 경순왕의 땅으로 내주었다. 또 경순왕의 삼촌 억렴의 딸을 왕비로 삼아 신라와 고려 왕실의 인연을 이어갔다. 경순왕은 그로부터 40여 년을 더 살고 978년에 세상을 떠났다.

개골산 금강산의 다른 이름.

신라는 삼국을 통일한 뒤 태평성대를 누렸다. 하지만 불교를 지나치게 숭상하여 절과 승려가 넘쳐났다. 자연히 나라를 지탱할 농사꾼과 군인이 부족하여 국운이 날로 쇠약해졌다. 더욱이 이런데도 왕은 쾌락에 눈이 멀어 견훤이 쳐들어오는 것도 모르고 포석정에서 술판이나 벌였으니, 한심한 일이다.

경순왕이 고려 태조에게 귀순한 것은 잘한 일이다. 덕분에 죄 없는 백성들의 희생을 줄일 수 있었다. 또한 신라 왕실의 혈통이 고려에도 이어져, 현종(고려 제8대 임금)이 왕위에 오르셨으니 모두 경순왕의 덕이다.

견훤의 후백제, 스스로 무너지다

신라의 도읍 서라벌을 공격하고 몇 년 동안, 견훤의 후백제는 왕건의 고려를 압도하며 세력을 떨쳤다. 하지만 견훤의 잔인한 성품 때문에 갈수록 등을 돌리는 사람들이 많아졌다.

지혜롭고 용맹스런 신하 공작도 견훤을 떠나 왕건에게 투항하였다. 화가 난 견훤은 공작의 두 아들과 딸 하나를 잡아다 벌겋게 달군 쇠로 고문하였다. 그러나 이런 짓은 부하들의 반발을 부를 뿐이었다. 고려와의 전투에서도 전과 달리 패하기 일쑤였다. 믿었던 부하들이 속속 왕건에게 투항하면서 견훤의 위세도 한풀 꺾였다.

민심이 자신에게서 떠났음을 깨달은 견훤은 열 명이 넘는 아들들을 불러 모았다.

"내가 후백제를 세운 지 여러 해가 지났다. 헌데, 우리 군대는 고려보다 갑절이 많지만 싸우기만 하면 지는구나. 하늘이 고려를 택한 모양이다. 천명이 이렇다면 지금이라도 왕건에게 귀순하는 편이 좋지 않겠느냐?"

"안 됩니다. 절대 그럴 수 없어요."

여러 아들들 중 유독 신검, 양검, 용검 세 아들이 결사반대하고 나섰다. 사실 세 사람의 속셈은 다른 데 있었다. 견훤은 사랑하는 넷째 금강에게 자신의 자리를 물려줄 생각이었고, 이 사실을 안 세 아들은 복수의 칼을 갈고 있었던 것이다. 맏아들 신검은 재상인 능환과 짜고 음모를 꾸몄다. 동생 양검, 용검도 지원을 약속했다.

아무것도 모르던 견훤은 새벽녘, 갑작스런 함성소리에 잠을 깼다. 견훤은 깜짝 놀라서 아들 신검을 불러 물었다.

"대궐이 소란스럽구나. 대체 무슨 일이냐?"

신검은 태연히 대답했다.

"신하들이 대왕이 너무 늙었으니 맏아들인 제가 왕위에 올라야 한답니다. 저 소리는 신하들과 장군들이 기뻐 환호하는 소리입니다."

견훤은 기가 막혀 아무 말도 하지 못했다. 신검은 아버지 견훤을 금산사에 가두고 아우 금강은 죽여 버렸다. 그리고 스스로 왕위에 올라 대왕이라 칭하니 935년 3월의 일이었다.

금산사에 갇힌 견훤은 모든 것을 포기한 듯, 지키는 병사들과 농담도 하며 잘 지냈다. 달포가 지난 어느 날, 견훤은 후궁과 시녀들에게 술을 빚게 한 뒤 병사들을 불렀다.

"모두들 나를 지키느라 고생이 많네. 내 그대들을 위해 술을 장만했으니 화창한 봄날을 마음껏 즐기세나."

그리고 서로 권커니 자커니 하며 술을 마셨다. 경계가 풀린 병사들은 맛있는 술에 취해 하나둘 쓰러졌다. 견훤은 그 틈을 타서 후궁들을 데리고 왕건에게로 도망쳤다. 왕건은 견훤에게 남쪽 궁과 땅을 내주며 깍듯이 대우했다. 견훤은 왕건에게, 군대를 일으켜 신검 일당을 섬멸해 달라고 매일 졸랐다.

마침내 왕건은 10만 대군을 이끌고 후백제를 공격했다. 견훤의 사위인 장군 영규는 안에서 고려군을 도왔다. 결국 후백제군은 완전히 무너져 버렸다. 신검은 능환과 두 동생을 데리고 항복했다.

견훤은 배신한 아들 신검을 죽이라고 청했지만, 왕건은 능환만 목 베고 신검은 살려 두었다. 견훤은 울화가 치밀어 결국 936년 70세를 일기로 죽고 말았다.

신라가 망한 뒤 유일한 맞수였던 후백제도 45년 만에 망하고, 이리하여 천하는 왕건의 고려에게로 돌아갔다.

5장
불교에 얽힌 이야기

삼국에 불교가 전해진 이야기

고구려, 백제, 신라 셋 중 맨 처음 불교가 전해진 나라는 고구려다. 제17대 소수림왕 때인 372년, 중국의 전진이란 나라에서 승려 순도가 불상과 불경을 가져왔다. 또 2년 뒤에는 동진에서 승려 아도가 불교를 전하기 위해 왔다.

소수림왕은 초문사라는 절을 세워 순도에게 맡기고, 또 이불란사를 세워 아도를 머물게 했다. 이 때부터 고구려에 본격적으로 불교가 알려지게 되었다.

백제는 이보다 십 년쯤 뒤인 384년, 제15대 침류왕 때 불교를 받아들였다. 어느 날, 중국 진나라 출신의 마라난타라는 승려가 침류왕을 찾아왔다.

왕은 차츰 불교의 교리에 빠져들었고, 이듬해에는 수도에 절을 세웠다.

고구려, 백제가 불교를 쉽게 받아들인 것과 달리 신라의 불교 전파는 우여곡절 끝에 이루어졌다.

눌지왕 때 묵호자라는 고구려의 승려가 신라에 들어왔다. 모례라는 사람은 묵호자의 이상한 행색을 보고 혹시 변을 당할까 봐 자기 집에 숨겨 주었다.

그 무렵 중국에서 옷과 향을 보내왔는데, 신라 왕실에서는 향을 처음 보는지라 무엇에 쓰는 물건인지 아는 이가 없었다. 이때 묵호자가 나서서 향의 쓰임새를 설명해 주었다.

"이것은 향이라는 물건인데, 불에 태우면 좋은 향기가 납니다. 그래서 신성한 분께 정성을 올릴 때 향을 태웁니다. 향을 피우고 기도하면 좋은 결과가 있을 것입니다."

왕은 묵호자를 대궐로 불렀다. 공주가 병이 들어 목숨이 위태로웠던 것이다. 묵호자는 향을 피우며 정성껏 기도를 올렸고 공주의 병은 씻은 듯이 나았다. 왕은 매우 기뻐서 큰 상을 내렸다. 하지만 얼마 후 묵호자는 갑자기 자취를 감추었다.

세월이 흘러 소지왕 때 일이다. 아도라는 승려가 제자 세 사람과 함께 신라로 들어와 다시 모례의 집을 찾았다. 아도는 모례의 집에 머물며 불교의 가르침을 전했다. 아도가 죽은 뒤에는 세 명의 제자가 남아서 불교를 전파하였다.

불교를 위해 몸을 던진 이차돈

신라의 법흥왕이 나라를 다스릴 때였다. 법흥왕은 독실한 불교 신자였다. 큰 권세를 가진 왕 노릇보다 불경을 읽는 것이 더 즐거울 정도였다. 그런 법흥왕에게는 전부터 소망 하나가 있었다. 절을 세우는 것이었다. 하지만 신하들은 절을 지을 바에야 성을 쌓고 무기를 만들어야 한다며 극구 반대했다.

시름에 잠긴 법흥왕 앞에 이차돈이 나타났다. 이차돈은 나이 22세의 하급 관리였지만, 선행을 베풀기로 유명한 집안의 자손인지라 모두의 기대를 한 몸에 받고 있었다.

"소신이 비록 미천하오나 대왕을 위한 방책이 있사옵니다. 지금 당장 임금의 뜻을 잘못 전했다 하고 소신의 목을 베소서. 그러면 만백성이 감히 대왕의 명을 어기지 못할 것입니다."

법홍왕은 깜짝 놀랐다.

"나를 위해 그토록 생각하니 참으로 갸륵하구나! 허나 백성을 이롭게 하려고 하는 일에 죄없는 사람을 죽이다니, 안 될 말이다."

"목숨이 소중함을 제가 어찌 모르겠습니까. 하지만 소신이 몸을 던져 부처님의 세상이 밝아 오고 대왕의 다스림이 편안해진다면 무엇을 망설이겠나이까? 부디 저의 간절한 소망을 꺾지 마소서."

이차돈의 굳은 뜻은 법홍왕도 꺾을 수 없었다.

그리하여 대궐 마당에 형틀을 갖다 놓고 신하들을 모두 불러모았다. 그러

고 왕은 누가 절을 짓는다는 소문을 냈느냐고 호통을 쳤다. 신하들이 겁에 질려 고개를 젓자 왕은 이차돈을 불러 꾸짖었다.

"네가 말을 잘못 전하여 왕명을 어지럽혔으니 네 죄를 네가 알렸다! 여봐라, 저자의 목을 베라."

병졸들은 이차돈을 형장으로 끌고 갔다. 이차돈은 담담하게 하늘에 기원했다.

"임금님이 불교를 일으키고자 하시니 제가 목숨을 바치옵니다. 하늘은 뭇 사람들에게 징표를 보여 주소서."

드디어 형리가 칼을 내리쳤다. 그 순간 이차돈의 목에서는 붉은 피가 아닌 하얀 젖이 한 길이나 치솟았다. 햇살은 빛을 잃고 땅이 흔들리는 가운데 하늘에선 꽃비가 내렸다. 왕은 눈물을 흘리고 신하들은 식은땀을 흘렸다.

이차돈이 순교한 뒤 법흥왕은 절을 짓기 시작했다. 절이 완성되자 법흥왕은 면류관을 벗고 승려가 되어 수도자의 길로 들어섰다. 그리고 이 절에 머물며 백성들을 교화하였다. 뒤이어 즉위한 조카 진흥왕은 이 절에 '대왕흥륜사'라는 이름을 내렸다. 또 법흥왕의 왕비 파조부인도 역시 중이 되어 영흥사를 세웠다. 이차돈이 순교하면서 신라에서는 불교가 크게 일어나, 삼국 중에서도 가장 불교가 융성하였다.

원효대사와 요석공주, 설총을 낳다

원효대사가 태어날 때 오색구름이 땅을 뒤덮었다고 한다. 그래선지 날 때부터 남달리 영리했던 원효대사는 선생님도 없이 혼자 독학으로 공부했다.

원효대사의 명성이 신라에 자자할 때의 일이다. 하루는 원효가 아침부터 미친 사람처럼 거리를 쏘다니며 큰 소리로 노래를 불러 댔다. 대궐에서 이 노래를 들은 태종 무열왕은 무릎을 탁 쳤다.

"큰 스님이 귀부인을 얻어 훌륭한 자식을 낳고 싶은 모양이군. 그런 분의 자식이라면 나라의 인재가 되겠지."

무열왕은 궁리 끝에 요석궁에서 혼자 사는 공주를 떠올렸다. 무열왕은 관원들을 보내 원효를 요석궁으로 모시게 했다. 원효는 이미 알고서도 모른 척하고 다리를 건너오다가 일부러 발을 헛디뎌 물에 빠졌다. 관원들은 허겁지겁 원효를 요석궁으로 데려갔다. 원효는 젖은 옷을 말린다는 핑계를 대고 궁에서 머물렀다. 요석공주도 자유분방한 원효에게 마음이 끌렸다.

열 달 뒤, 요석공주와 원효 사이에 '설총'이란 아들이 태어났다. 원효대사의 원래 성이 '설' 씨였기 때문이다. 설총은 어려서부터 총명해서 일찍이 유학과 역사에 통달했다. 그는 훗날 이두문자를 만들어서 우리의 문물을 우리 식으로 표현할 수 있도록 했다. 그래서 설총은 신라의 10대 현인 중 하나로 꼽힌다.

불국사와 석굴암을 지은 김대성

신문왕 때, 경조라는 가난한 과부가 살았다. 경조에겐 '대성'이라는 아들 하나가 있었다. 경조는 대성이를 잘 키우기 위해 마을에서 제일 부자인 복안의 집에 하녀로 들어갔다. 복안은 모자를 위해 얼마간의 밭을 주어 살림 밑천으로 삼게 했다.

그러던 어느 날, 복안의 집에 스님이 찾아와 시주를 권했다. 복안은 선뜻 베 50필을 시주했다.

"하나를 보시하면 만 배를 얻어 길이 편안하게 되리다."

스님의 말을 들은 대성은 어머니께 보시를 하자고 졸랐다. 경조는 스님의 만류에도 불구하고 유일한 재산인 밭을 몽땅 시주하였다.

그런데 얼마 후, 대성이 시름시름 앓더니 갑자기 죽고 말았다. 그리고 그날 밤, 재상 김문량의 집에 하늘의 소리가 들려왔다.

"모량리 사는 대성이란 아이가 지금 네 집에 태어나리라!"

김문량은 깜짝 놀라서 모량리를 찾아가 알아보았다. 과연 대성이란 아이가 그날 죽었다고 하였다. 모두들 놀라는 가운데, 그날 김문량의 아내가 임신을 하여 열 달 뒤 사내아이를 낳았다. 아이는 왼손의 주먹을 꼭 쥐고 태어나더니 일주일이 지나서야 손을 폈다. 손에는 '대성'이란 글자가 새겨진 금쪽이 쥐어져 있었다. 김문량은 하늘의 계시대로, 아이 이름을 대성이라 짓고 전생의 엄마인 경조를 데려와 함께 살도록 했다.

세월이 흘러 대성은 어엿한 대장부가 되었다. 대성은 사냥을 좋아해서 틈만 나면 산을 탔다. 그날도 토함산에 올라가 곰 한 마리를 잡고 의기양양해서 마을로 내려왔다. 거나하게 술에 취해 잠이든 대성의 꿈 속에 낮에 죽인 곰이 귀신으로 변해 나타났다.

"내가 너를 해친 적이 없거늘 왜 나를 죽이느냐? 나도 너를 잡아먹을 테다."

곰이 시뻘건 아가리를 벌리고 달려들자 겁에 질린 대성은 두 손을 싹싹 빌었다.

"그럼 나를 위해 절을 지어 주겠느냐?"

대성은 얼른 그러겠다고 맹세했다. 꿈에서 깬 대성은 곰을 위해 장수사란 절을 짓고, 다시는 사냥을 하지 않았다. 그 후 불교에 귀의한 대성은 이승의 부모를 위해 불국사를 창건하고, 전생의 부모를 위해 석굴암을 세웠다.

호랑이와 사랑에 빠진 김현

신라에서는 2월이 되면 서라벌의 모든 남녀가 나와 흥륜사 전탑을 돌며 복을 비는 풍속이 있었다. 원성왕 때였다. 김현이란 총각이 밤 깊도록 탑을 도는데 한 처녀가 염불을 하며 뒤를 따랐다. 그렇게 한참 탑을 도는 사이, 둘은 어느 새 사랑하는 사이가 되어 앞날을 기약하게 되었다.

헤어질 때가 다가오자 김현은 혼자 가려는 처녀를 따라 집까지 쫓아갔다. 서산 기슭의 오두막이 처녀의 집이었다. 김현이 처녀와 함께 집으로 들어가자 집에 있던 노파가 깜짝 놀라 물었다.

"이 사내가 누구냐?"

처녀는 밤사이에 있었던 일을 솔직히 이야기하였다. 노파는 한숨을 쉬며 말했다.

"좋은 일이긴 하지만 큰일이로구나. 허나 어쩌겠느냐! 이왕 이리 되었으니 잘 숨겨 주기나 해야지. 네 오빠들이 와서 끔찍한 짓이나 저지르지 않으면 좋으련만."

처녀는 어리둥절해하는 김현을 데리고 가 깊숙한 곳에 숨도록 했다. 이윽고 문간이 소란스러워지더니 호랑이 세 마리가 으르렁거리며 들어왔다.

"집 안에서 비린내가 나는군. 배도 고픈데 얼른 요기부터 하자."

노파는 쓸데없는 소리 말라며 호랑이들을 꾸짖었다. 호랑이들이 뭐라 대꾸하려는 순간, 갑자기 하늘에서 커다란 목소리가 들려왔다.

"너희들이 그동안 죄 없는 생명을 숱하게 해치고도 반성할 줄 모르니, 이제 너희 중 한 놈을 죽여 벌하리라!"

호랑이들은 겁에 질려 어쩔 줄 몰라 했다. 그때 조용히 있던 처녀가 말했다.

"지금부터라도 세 분 오빠가 착하게 사시겠다면 제가 대신 벌을 받겠어요. 그러니 이곳을 떠나 멀리 도망가세요."

호랑이 세 마리는 이 말을 듣자마자 머리를 숙이고 꽁무니를 뺐다. 그제야 처녀는 김현에게 와서 말했다.

"보셨듯이 저는 도련님과 같은 사람이 아닙니다. 도련님과의 인연이 소중하지만, 하늘이 저희 집에 재앙을 내리셨으니 제가 어찌 피하겠습니까? 이왕 죽을 목숨, 모르는 사람보다야 도련님의 칼 아래 쓰러져 소중한 인연에 보답하고자 합니다.

내일 제가 거리로 내려가 소란을 피우면 분명 임금께서는 큰 상을 걸고 저를 잡으라 할 거예요. 도련님은 걱정 말고 성 북쪽 숲으로 저를 쫓아오세요. 제가 기다리고 있겠습니다."

김현은 깜짝 놀랐지만 정신을 가다듬고 말했다.

"비록 사람이 아니라 해도 이미 그대와 사랑하여 미래를 기약했는데, 어찌 그대의 죽음을 이용해 영화를 얻겠소이까?"

"그런 말씀 마세요. 지금 제가 죽는 것은 하늘의 명이며, 집안에는 복이 되며, 나라 사람들에겐 큰 기쁨이 될 것입니다. 그저 제 소원이라면, 저를 위해 절을 세우고 기도해 주세요."

두 사람은 끌어안고 한참을 울다가 헤어졌다.

날이 밝자 과연 사나운 호랑이 한 마리가 서울에 들어와 날뛰었다. 원성왕은 '호랑이를 잡는 자에게 2급 벼슬을 준다.'고 방을 붙였다. 김현이 잡아오겠다고 나서자, 왕은 젊은 청년의 용기에 감탄하여 먼저 벼슬을 주고 격려했다.

김현은 단도를 옆에 차고 처녀와 약속한 숲으로 들어갔다. 기다리고 있던 호랑이 처녀가 김현을 반갑게 맞았다.

"잘 오셨습니다. 오늘 제 발톱에 다친 사람들은 흥륜사 된장을 바르고 그 절의 나발 소리를 들으면 모두 나을 거예요. 도련님, 부디 만수무강하세요!"

말을 마치자마자 처녀는 김현의 단도를 뽑아 스스로 목숨을 끊었다. 김현은 한참을 소리 높여 울다가 마침내 숲에서 나와 "호랑이를 잡았소!" 하고 외쳤다. 또 처녀가 가르쳐 준 대로 다친 사람들을 치료했더니 과연 상처가 전부 아물었다.

그 후 벼슬길에 나간 김현은 호원사라는 절을 짓고, 늘 불경을 외며 호랑이의 넋을 기렸다.

향가를 잘 지은 월명 스님

경덕왕이 나라를 다스린 지 19년째 되던 해 4월 1일, 갑자기 하늘에 두 개의 태양이 나타났다. 두 개의 태양은 열흘이 지나도록 사라지지 않았다. 온 나라가 발칵 뒤집히고 왕은 걱정이 태산같았다.

때마침 천문을 담당하는 일관*이 아뢰기를, 인연이 닿는 승려가 부처님께 꽃 공양을 드리면 재앙이 멈출 것이라 하였다. 경덕왕은 이 말을 듣고 당장 목욕재계한 뒤 인연 있는 승려가 나타나기를 기다렸다.

얼마나 지났을까? 저쪽 들판에서 월명이라는 승려가 천천히 오는 것이 보였다. 왕은 얼른 그를 불러, 단을 모시고 기도문을 지으라고 재촉했다. 그러나 월명은 조심스럽게 거절했다.

일관 삼국 시대에 천체를 관측하고 길흉을 점치던 관리.

"저는 그저 향가나 알 뿐이며, 이런 자리에 어울리는 범패*는 잘 못합니다."

"그대는 인연 있는 승려로 지목되었으니 향가든 범패든 그대 뜻대로 하오."

왕이 이렇게까지 말하니 월명도 더는 사양할 수 없었다. 월명은 온 마음을 모아 '도솔가'를 지어 불렀다.

오늘 이에 산화가를 불러
뿌린 꽃아, 너희는
곧은 마음이 시키는 대로
부처님을 모셔라.

이렇게 향가를 부르며 정성껏 기도하자, 이윽고 두 개의 태양 중 하나가 빛을 잃고 사라졌다. 경덕왕은 크게 기뻐하였다.

"여봐라! 월명 스님에게 드릴 좋은 차 한 봉지와 수정으로 만든 염주 108개를 가져오너라."

그런데 말이 떨어지기 무섭게, 궁궐 서쪽 문에서 단정하게 생긴 어린 동자가 차 그릇과 염주를 받들고 나왔다. 월명은 대궐에서 일하는 아이라고 생각했는데, 왕은 왕대로 월명을 따라 다니는 시종이라고 생각했다.

"스님, 시종이 어린데도 참 의젓합니다."

"예? 대궐에서 일하는 아이가 아니든가요? 저는 모르는 아이인데

범패 석가여래의 공덕을 찬미하는 노래로, 불교 의식에 쓰인다.

요……."

그제서야 이상해서 왕이 동자를 데려오라 했더니, 동자는 순식간에 안뜰 탑 속으로 사라져 버렸다. 그리고 차 그릇과 염주는 대궐 남쪽 벽에 그려진 미륵불 앞에 놓여 있었다.

"오호라, 월명 스님의 지극한 정성이 미륵불을 감동시켰구나!"

왕은 더욱 감격하여 다시 비단 백 필을 하사하였다.

월명 스님은 일찍 세상을 뜬 누이를 위해 '제망매가'라는 향가를 짓기도 했는데, 이 향가는 지금도 읽는 이의 가슴을 울린다. 또 월명 스님은 향가뿐 아니라 피리를 잘 불기로도 유명했다. 달이 휘영청 밝은 어느 날 밤, 월명이 사천왕사 앞에서 피리를 불었더니 달님마저 감동하여 제자리에서 움직이지 않았다고 한다. 그래서 이때부터 그 길을 '월명리'라고 불렀다 한다.

연표

1206년 경상도 경주의 속현이었던 장산군(지금의 경산)에서 김언정의 아들로 태어나다.

1214년 해양(지금의 전라남도 광주)에 있던 무량사에서 학문을 닦다.

1219년 설악산 진전사로 출가하여 대웅 스님의 제자가 되다. 구족계를 받은 뒤, 여러 곳에서 수행을 하다.

1227년 승과의 선불장에 응시하여 장원 급제하다. 그 뒤 비슬산 보당암으로 옮겨 수년 동안 머무르면서 마음을 가다듬고 참선에 몰두하다.

1236년 몽고가 침입하다. 나라에서 삼중대사의 승계를 내리다.

1249년 남해의 정림사로 옮기다. 남해의 분사 대장도감의 작업에 약 3년 동안 참여하다.

1256년 윤산 길상암에 머무르며《중편조동오위》2권을 짓다.

1259년 대선사의 승계를 받다. 몽고의 침입이 계속되는 동안 남쪽의 포산과 남해 등지에서 전란을 피하면서 수행에 전념하다.

1261년 원종의 부름을 받고 강화도로 가서 선원사에 머무르며 설법하다.

1264년 왕에게 여러 번 청하여 경상도에 있던 오어사로 옮기다. 인홍사의 주지

가 되어 후학들을 지도하다.

1277년   청도 운문사에서 1281년까지 살면서 선풍을 크게 일으키다. 이때에 《삼국유사》를 집필하기 시작한 것으로 추정된다.

1281년   동정군의 격려차 경주에 행차한 충렬왕은 일연을 불러 가까이 있게 하였다. 그때 일연은 뇌물로 승직을 구하는 불교계의 타락상과 몽고의 병화로 불타 버린 황룡사의 황량한 모습을 목격하다.

1283년   국존으로 책봉되어 '원경충조'라는 호를 받다. 그러나 늙으신 어머니의 봉양이 마음에 걸려 왕의 만류를 뿌리치고 고향으로 돌아오다.

1284년   어머니 돌아가시다. 인각사에서 당시의 선문을 전체적으로 망라하는 구산문도회를 두 번 개최하다.

1289년   6월에 병이 들자 7월 7일 왕에게 올릴 글을 쓰고, 8일 새벽 선상에 앉아 제자들과 선문답을 나눈 뒤 거처하던 방으로 돌아가서 입적하다. 그해 10월 인각사 동쪽 언덕에 탑을 세웠으며, 시호는 보각이고, 탑호는 정조이다.